L'âme sur son chemin
jusqu'à la perfection

La Parole éternelle,
le Dieu unique et universel, l'Esprit libre,
parle à travers Gabriele,
comme à travers tous les prophètes de Dieu –
Abraham, Job, Moïse, Elie, Isaïe,
Jésus de Nazareth,
le Christ de Dieu

L'âme
sur son chemin
jusqu'à la perfection

Une révélation du Christ de Dieu
donnée en 1979,
à travers Gabriele,
la prophétesse et messagère de Dieu

Editions Gabriele
La Parole

L'Esprit universel
L'enseignement de l'amour pour Dieu et pour le prochain,
envers l'homme, la nature et les animaux

1ère édition en français : Novembre 2021

© Gabriele-Verlag Das Wort GmbH
Max-Braun-Str. 2, 97828 Marktheidenfeld, Allemagne
www.gabriele-verlag.com · www.editions-gabriele.com

Titre original en allemand :
Die Seele auf ihrem Weg zur Vollendung

Pour toute question se rapportant au sens,
l'édition allemande fait autorité.
Traduction de l'allemand autorisée par
© Gabriele-Verlag Das Wort

N° de comm. : S209frTBPOD
N° ISBN : 978-3-96446-569-6

Sommaire

En février 1979, à travers Gabriele, la prophétesse et messagère de Dieu, le Christ, le Fils de Dieu et Corégent des Cieux, a donné une révélation détaillée traitant de « L'âme sur son chemin jusqu'à la perfection ». Sa préface a été révélée par un ange de la Loi devant le trône de Dieu, le chérubin de la sagesse divine, appelé sur Terre Frère Emanuel.

Nous sommes heureux de pouvoir mettre à votre disposition pour la première fois la traduction en français de cet ouvrage qui n'a rien perdu de son actualité. À ce propos, une remarque :

Il y a plus de 40 ans, le vocabulaire utilisé était différent de celui d'aujourd'hui. La vérité éternelle révélée dans cet ouvrage est donc habillée des mots utilisés et compris par les personnes de cette époque. De nos jours, certaines choses sont exprimées différemment, avec d'autres termes.

Cependant, la vérité reste toujours la vérité, quels que soient les mots du langage humain dont elle est habillée. C'est pourquoi il est régulièrement conseillé de ne pas s'arrêter à la coquille du mot mais d'en saisir le contenu. Car c'est lui qui permet à l'être humain d'avancer sur le chemin de la Vie et à l'âme sur le chemin de la perfection.

Les Editions Gabriele – La Parole

révélée par Frère Emanuel,
le chérubin de la sagesse divine,
à travers la prophétesse et messagère de Dieu,
Gabriele

L'Esprit de Dieu en Christ se révèle à travers un instrument terrestre. Lui, l'Un universel dans le Fils, désire instruire Ses enfants. Ainsi, le Christ est l'Esprit de la Nouvelle Alliance qui se révèle à travers cet instrument. Il parle en disant « Je suis la Lumière du monde ». Il enseigne, entre autres, les niveaux de conscience que l'âme parcourt sur son chemin du retour qui la mène de la Terre à la maison du Père. Ces niveaux d'enseignement sont pour les âmes soit des niveaux qu'elle traverse, soit des plans de purification.

Avant que l'Esprit du Fils ne poursuive Son enseignement, un ange du Seigneur révèle brièvement la structure de la Création. Chaque âme est structurée comme la Création et l'Esprit éternel pur agit en elle. Elle a été créée et est maintenue en vie par le Créateur éternel qui est notre Père éternel.

Son principe Père-Mère s'est manifesté à partir de la quintessence de Sa Création. Le cœur du cosmos est l'œuvre originelle, la première créée, un soleil central primordial qui détermine la relation gravitationnelle avec tous les plans et systèmes solaires.

La force primordiale, une structure rotative d'une ampleur spirituelle inconcevable pour l'entendement humain, vivifie et anime sept autres soleils divins qui sont les courants de force de Ses qualités. À ces sept soleils sont rattachés des plans infinis qui possèdent eux-mêmes des sous-sphères. Les sept plans de Dieu sont régis – au nom du Très-Saint – par sept régents. Ces sept « flambeaux » sont appelés : l'ordre, la volonté, la sagesse, la rectitude, la patience, l'amour et la miséricorde.

Chaque plan des qualités ne peut exister sans les six autres. Le premier plan de la Création de

Dieu est l'ordre, un plan majeur qui possède lui aussi des sous-niveaux : la volonté, la sagesse, la rectitude, la patience, l'amour et la miséricorde. Dans la loi divine de l'ordre sont également contenues toutes les autres lois divines. Chaque qualité constitue un ciel qui comprend des sous-niveaux, c'est-à-dire d'autres sphères spirituelles. Il existe ainsi sept cieux de lumière incommensurables qui forment un tout s'intégrant dans le rythme cosmique. Ces plans spirituels se déplacent sur des orbites elliptiques autour du soleil central primordial. Le petit système solaire terrestre nous transmet une analogie du cosmos primordial, de son mouvement et de sa structure spirituelle.

Comme dans le principe du mouvement perpétuel, le puissant soleil primordial donne puis prend. Selon la loi spirituelle de la gravitation des masses, aucune énergie cosmique ne se perd. Les masses s'attirent réciproquement ; c'est ainsi que, selon la loi de la gravitation, les planètes de matière subtile se maintiennent en orbite dans les gigantesques plans. En même temps, ces plans qui comportent chacun un nombre inimaginable de systèmes solaires effectuent leurs orbites elliptiques autour du soleil central primordial ; ce champ de force est le zénith de la Création.

L'âme, c'est-à-dire le corps spirituel, est constituée de la même manière ; dans et autour de cet habit spirituel se trouve l'Esprit, le Souffle de la Vie. Chaque être spirituel possède donc un corps éthérique qui vit grâce à la force du souffle divin (l'Esprit). Sous l'effet du processus de personnification conduit par l'Esprit du Père universel, ces corps spirituels sont devenus des êtres qui sont identiques à l'univers. Leur corps est créé à partir du grand tout ; ainsi chaque être est un corps dans le corps de la Création universelle. L'âme possède également la loi spirituelle de la gravitation, car comme toute la Création pure, sa structure spirituelle est faite de particules et possède les éléments divins, feu, eau, terre et air. Ses champs de gravitation spirituels sont en relation avec l'ensemble de la Création.

De même que tous les plans divins peuvent se dilater grâce à la force spirituelle du souffle divin, le corps éthérique porte également en lui le processus d'expansion, car les mondes de la patrie éternelle ainsi que tous les corps éthériques (âmes) sont de nature subtile. L'amour est la qualité dominante. Chaque activité de la vie cosmique exprime l'amour divin qui porte, relie et libère en même temps, dans la mesure où l'on grandit en lui, car tout est amour, tout est créé par l'Esprit éternel de l'amour et porté éternellement par le « maintenant » qui ne connaît ni passé ni futur.

C'est ainsi que respire la Création de Dieu et c'est ainsi que respire tout corps spirituel, y compris celui des êtres spirituels, qui est un corps issu du corps du Père universel. Chaque être humain possède ce corps éthérique que je voudrais aborder brièvement.

Le corps éthérique, c'est l'âme dont la structure est constituée de particules. L'éther spirituel, c'est l'Esprit éternellement pur qui maintient la Vie. Nous associons à l'être humain l'âme qui, une fois dans la patrie spirituelle, redevient un corps éthérique pur. Le terme « âme » a été façonné par les évènements de la chute, car en raison de sa volonté propre, l'âme a dû progressivement quitter la patrie paradisiaque et à cause des fautes dont elle s'est chargé, elle chuta profondément. Lorsque l'âme agit contre le souffle de la Vie, son rayonnement change, la force du souffle divin diminue en elle. Autrement dit, sous l'effet de sa volonté propre, l'être de lumière prend un rayonnement différent. En raison de leur chute, la force spirituelle des êtres spirituels diminua et leur structure de particules se rétrécit. Du fait que des êtres spirituels autrefois purs devinrent impurs, les plans spirituels purs qui sont en eux se rétractèrent. Ils se replièrent vers le cœur de l'Esprit pour s'en rapprocher et recevoir plus de forces, car le centre de chaque âme est l'Esprit qui maintient la Vie. En conséquence, ces corps éthériques rapetissèrent et leur densification augmenta en raison de leur volonté propre qui amena ces êtres spirituels à devoir quitter le royaume de la pureté.

Au fil de milliards d'années se constitua ainsi l'être humain qui est fait de substance densifiée, en adéquation avec cette vibration matérielle. L'âme s'est rétractée ; ainsi, les plans spirituels purs ne peuvent pas être chargés. L'âme se trouve près de l'hypophyse et est reliée au cerveau humain. La vibration chargée est ce qui correspond au corps terrestre densifié. L'être humain est donc substance spirituelle densifiée ; la nature également. Etant donné que l'être humain dut absorber de la nourriture correspondant à sa vibration, des organes vitaux se sont formés au cours de milliards d'années. Les êtres spirituels purs prennent eux aussi une nourriture spirituelle, cependant, celle-ci est faite pour les tendances vibratoires des mondes spirituels purs. Le corps éthérique de l'être humain, appelé âme, est relié aux courants cérébraux. De ce fait, l'âme archive toute la vie de l'être humain. À travers la loi cosmique du rayonnement qui se trouve en chaque âme cinétique, celle-ci perçoit tous les détails de la vie humaine. La couleur de la structure particulaire de l'âme change en fonction de la vie de chacun. Le positif comme le négatif, tout est enregistré par l'âme qui, en chutant dans les profondeurs, se créa des plans qui sous l'action de Jésus, le Christ, devinrent pour elle des plans de purification.

Le rayonnement de l'aura humaine avec ses différentes couleurs renvoie l'image de l'âme plus ou moins chargée. Lorsque la substance spirituelle, l'âme, quitte l'être humain – la masse terrestre –, elle garde ce rayonnement cosmique. En raison de la chute dans les profondeurs, de nouvelles formes de vie se constituèrent, ce qui modifia la structure spirituelle faite de particules. Ces formes de vie doivent être dissoutes par de profondes prises de conscience de la vie divine, afin que les cieux spirituels purs puissent se déployer à nouveau. De même que le corps éthérique diminue, il se dilate aussi à nouveau en fonction de l'ampleur des prises de conscience concernant la vie en Jésus, le Christ.

Amen.

*L'âme sur son chemin
jusqu'à la perfection*

*Une révélation du Christ, le Fils de Dieu
et Corégent du royaume de Dieu,
à travers Gabriele,
la prophétesse et messagère de Dieu*

Premier niveau de l'âme (ordre)

Je suis la liberté. C'est ce que, Moi, le Christ, le Fils de Dieu, Je dis à travers Mon instrument en cette époque. Que celui qui a des oreilles pour entendre entende ; celui qui ouvre ses sens Me reconnaîtra dans son cœur, Moi, le Fils de Dieu. Je suis venu dans ce monde pour témoigner de la Vie qui rend l'âme libre. En cette heure, Je le souligne : qui rend l'âme libre.

L'être humain se lie constamment à des traditions et des formes extérieures. Il rejoint des organisations. Ma vie en Jésus de Nazareth était emplie de l'Esprit saint éternel, ce qui Me rendait libre. J'ai tenté d'instruire les érudits du temple et de les gagner à la liberté, mais eux-mêmes voulurent Me donner des enseignements, à Moi, le Fils de Dieu.

J'aimais et J'aime la liberté. Incarné en Jésus, Je reconnus l'action éternelle de Dieu que l'on peut voir en toute chose.

Je vous le dis, vous êtes des enfants libres. Mon Esprit est en vous. Vous n'avez pas besoin de traditions et vous n'avez pas non plus besoin d'appartenir à une organisation. La Vie est en vous. Cette Vie, c'est Moi !

Si vous dialoguez avec Moi tous les jours et que le soir venu vous vous tournez vers Moi en disant : « Christ, Toi le Sauveur de mon âme, Tu es en moi. Je fais le bilan de la journée : Qu'est-ce qui était positif et qu'est-ce qui était négatif ? Qu'est-ce que je peux améliorer ? », alors Je prendrai le repas de la Cène avec vous tous les soirs. Car la Cène du Seigneur est dans votre âme par la force de l'Esprit éternel qui agit en vous. Laissez-Le agir et s'embraser en vous afin que vous reconnaissiez à quel point la Perle que le Père vous a offerte est précieuse : la force du Christ.

Mes chers enfants, Je vous parle au nom du Père, car J'ai pris la mission de vous conduire au royaume éternel. L'être humain est ignorant. Pourquoi ? Parce qu'il est enraciné dans les traditions et les formes extérieures. Devenez libres et écoutez la parole originelle, la révélation divine. Depuis le commencement des commencements, l'Esprit de la Vie parle dans les âmes, mais l'être humain a banni la Parole du Très-Haut, car il a fui dans des organisations extérieures et n'a plus voulu accepter l'Esprit divin, la parole prophétique donnée à travers des personnes.

De tout temps, Dieu a instruit Ses enfants. Maintenant, une nouvelle époque a débuté, une époque dont l'humanité verra également la fin. Elle amène cependant un tournant spirituel, car l'Esprit a dit : « *Une nouvelle Terre et un nouveau ciel verront le jour.* »

J'enseigne pour l'époque actuelle. Et en cette heure J'enseigne le premier niveau fondamental de l'âme : l'ordre.

Le niveau fondamental de l'ordre comprend sept niveaux ; outre l'ordre : la volonté, la sagesse, la rectitude, la patience, l'amour et la miséricorde. Ils constituent les sept qualités porteuses du cosmos. De ces plans divins sont issus sept anges-princes manifestés qui régissent ces plans. C'est pourquoi il y a sept niveaux fondamentaux en chaque âme.

Les sept niveaux fondamentaux, ainsi que leurs sous-niveaux respectifs, doivent tous être activés par l'âme, car aucune qualité ne peut exister sans les autres. La structure spirituelle de votre âme est constituée et orientée selon la Création divine, c'est-à-dire qu'elle vibre comme l'univers ; votre âme devrait également vibrer à ce rythme. Toute âme doit activer la vibration divine, c'est alors seulement qu'elle peut retourner à la maison du Père.

La loi de Dieu est rayonnement. Tout comme cette Terre est traversée par ses champs magnétiques, il en va de même de toutes les planètes. Quelles que soient la vibration et la masse, tout vibre, rayonne et palpite. Toute la vie divine est basée sur le rayonnement ; il imprègne tous les systèmes et tous les cieux, il est aussi la Vie des êtres spirituels. Ce rayonnement anime et vivifie entre autres les corps éthériques. La totalité de la Création se trouve en chaque âme, car l'âme est un microcosme dans le macrocosme. Chaque âme doit se transformer et s'orienter sur ce qu'il y a de plus élevé, c'est-à-dire sur Dieu, notre Père éternel. Dans l'Esprit de l'Eternel, le Fils de Dieu est la Lumière du monde qui prépare chaque âme à la perfection qui a été offerte à chaque être par Dieu, notre Père éternel. La perfection est la Vie qui vient de Dieu et c'est par cette perfection que l'amour divin devrait être réalisé.

Mes chers enfants, le niveau de l'ordre est un niveau fondamental qui comprend six autres sous-niveaux ; il est rattaché à ce système solaire. Le système solaire est enveloppé d'un plasma. Aucune vibration basse ne peut traverser ce plasma ; tout ce qui est négatif, comme ce qui est positif, retombe sur la Terre et sur ses enfants. Lorsqu'une âme quitte son habit terrestre, ses proches se posent la question de savoir où elle va. L'être humain devrait plus souvent se poser cette question et d'autres similaires, pas seulement à l'occasion d'un décès. Très souvent, il peut y répondre lui-même s'il se pose les bonnes questions, comme par exemple : Comment la personne a-t-elle vécu ? Aimait-elle l'ordre dans sa vie ? Croyait-elle en Dieu ? Avait-elle reconnu le Christ en elle-même ? Avait-elle connaissance de la vie éternelle ? Savait-elle que le Christ guide l'âme ? Cette personne vivait-elle les Dix Commandements ou était-elle superficielle ? Dans ce dernier cas, l'âme reste liée à l'un des sous-niveaux de l'ordre.

La planète Terre appartient à la sphère du niveau de l'ordre. Elle est le théâtre de ceux qui sont liés à la Terre. Toutes les âmes ignorantes qui quittent leur corps se demandent où elles vont, ce qui leur est arrivé ou est en train de leur arriver. Sur Terre, elles étaient, entre autres, des personnes qui ne croyaient pas en Dieu, des meurtriers, des joueurs, des ivrognes ; elles croyaient que leur vie s'arrêterait à la fin de leur vie sur Terre. De telles âmes et d'autres semblables se trouvent sur le niveau de l'ordre. Comment vivent ces âmes liées à la Terre ? Elles vivent de façons très diverses, et souvent au milieu des êtres humains ! Elles continuent à fréquenter des lieux de débauche, elles se disputent, se battent ou tentent de commettre des meurtres. Si l'être humain était un meurtrier, son âme reste liée à cette pulsion jusqu'à ce qu'elle accepte les enseignements divins.

Les âmes ignorantes et liées à la Terre, qui sont sur le niveau de l'ordre, tentent de vivre avec leurs pareils, c'est-à-dire qu'elles s'accrochent à des êtres humains, car elles ne sont pas conscientes de leur propre état spirituel. Elles vivent, pourrait-on dire, dans leur propre monde illusoire, car elles n'ont pas tenu compte des lois divines lorsqu'elles étaient en habit terrestre. Elles errent dans des bars de nuit, font la fête, se bagarrent, tout comme lorsqu'elles étaient incarnées. Puis, lorsqu'elles se « réveillent », qu'elles sortent de leurs illusions, n'arrivant pas à se faire entendre parmi les êtres humains, elles deviennent agressives ; elles essaient alors d'influencer des personnes, voulant ainsi se prouver qu'elles vivent et sont leurs égales. Elles se sentent alors plus fortes et aussi plus savantes que les êtres humains. Elles entendent aussi ce qui se dit dans le monde entier, car sur le niveau vibratoire où elles se trouvent, elles ont des capacités de perception plus grandes que les êtres humains. C'est par l'intermédiaire de telles âmes que des vérités partielles parviennent aux oreilles de certaines personnes. Mais il peut aussi s'agir de tours que leur jouent des âmes liées à la Terre, un moyen qu'utilisent ces âmes de basse vibration pour se donner de l'importance. C'est particulièrement le cas lorsqu'un médium ouvre son canal à ce plan vibratoire. L'Esprit de Dieu qualifie cela de spiritisme vulgaire et n'acquiesce pas ces pratiques. Les âmes qui se manifestent par ces canaux possèdent peu de force pour transmettre ces messages ; cette force est prise au médium et aux auditeurs. L'Esprit de Dieu n'y apporte pas son soutien en leur donnant Sa force, car Il n'approuve pas ces pratiques.

Aspirez à ce qu'il y a de plus élevé et sollicitez votre Père en Jésus, le Christ, et demandez aussi l'aide des serviteurs de la pureté, car chaque enfant est une créature du Très-Haut. Celui qui s'entoure d'aspects bas attirera des aspects bas ! Celui qui, avec humilité et amour, demande ce qu'il y a de plus élevé et qui vit l'amour du prochain, attirera aussi la lumière, car les semblables s'attirent.

Lorsque l'âme s'est éveillée au divin, elle prend conscience que le Christ est le chemin de la libération. Ainsi, si elle vit en conséquence, elle peut être guidée – ceci en fonction de l'augmentation en intensité de sa lumière – vers l'un des sous-niveaux des planètes de la volonté, puis de la sagesse et de la rectitude ainsi que de la patience, de l'amour et de la miséricorde. Toutes ces planètes se trouvent encore dans le plasma du soleil ; elles constituent le premier niveau fondamental que toute âme doit parcourir et franchir.

Mes chers enfants, l'âme ne peut atteindre les niveaux et planètes spirituelles supérieurs que si elle a les connaissances appropriées et vit selon celles-ci. La connaissance ne sert à rien à l'être humain et à l'âme s'ils ne la mettent pas en pratique, car chaque âme doit orienter ses courants magnétiques spirituels sur la planète qu'elle a développée dans ses particules spirituelles.

Tout comme l'être humain appartient à cette Terre et est attiré par elle, l'âme est attirée par la planète dont elle possède la même fréquence spirituelle. Immédiatement après avoir quitté le corps humain, l'âme entend des sons, une sorte de musique des sphères. Elle distingue des couleurs et des formes ; ce sont des vibrations planétaires et des intensités de lumière auxquelles l'âme tend. Elle est attirée par celles-ci dès qu'elle s'est redéployée.

Sur ces planètes se trouvent des demeures spirituelles créées à partir de la substance même de la planète par les êtres spirituels qui en sont responsables. Chaque planète est placée sous la supervision d'un être spirituel. Les règnes animal, végétal et minéral de cette planète lui sont également confiés. Chaque être spirituel dirige les œuvres du Seigneur avec un amour et une harmonie absolus. Les âmes sont également instruites dans cette vie harmonieuse. Si l'âme n'accepte pas les principes absolus de l'ordre, elle reste sur cette planète pendant une longue période, jusqu'à ce qu'elle accepte l'enseignement et le vive. Chaque âme est guidée et instruite individuellement, en fonction de son état intérieur et de son degré de maturité.

Mes chers enfants, les heures d'enseignement données aux âmes ne sont pas des heures terrestres. Cela peut prendre des éons jusqu'à ce qu'une âme parvienne à prendre conscience de son comportement erroné. En outre, cela dépend aussi de sa volonté d'apprendre. C'est comme sur la Terre. Tout comme les enfants humains sont instruits sur cette Terre, les âmes reçoivent elles aussi des enseignements. Si l'être humain ou l'âme dit : « Je me suis contenté d'écouter », il ou elle reste lié à son niveau. Il n'y a de progrès que lorsque ce qui est entendu est vécu, mis en pratique. L'amour éternel ne connaît pas la notion de temps. Il peut attendre patiemment que l'âme ait atteint un certain degré d'amour ; alors seulement l'ange-instructeur peut poursuivre l'enseignement. C'est en fonction de ce but de vie que l'aimant de l'âme s'oriente sur le prochain niveau de conscience supérieur. L'âme percevra alors à nouveau des mélodies vibratoires plus élevées par lesquelles elle ne sera attirée que lorsqu'elle aura atteint le degré de Vie suivant dans sa structure particulaire divine.

L'évolution de la conscience se fait en fonction de ton degré de Vie et d'amour. Beaucoup d'âmes se sentent bien dans les sous-niveaux du niveau fondamental de l'ordre. Certaines pensent avoir déjà atteint le royaume des cieux, ceci jusqu'à ce que le voile de l'illusion leur soit ôté et qu'elles découvrent où elles en sont réellement. Alors seulement elles reconnaissent la situation catastrophique dans laquelle elles se trouvent et aussi celle de ceux qui vivent sans amour ni harmonie dans leurs images illusoires.

La devise à appliquer est « Connais-toi toi-même », tout particulièrement sur le niveau fondamental de l'ordre. Les âmes, Mes enfants, reçoivent de nombreux enseignements. À l'échelle humaine, cela peut prendre des milliers d'années jusqu'à ce qu'elles s'éveillent. C'est particulièrement le cas sur le niveau de l'ordre. Mes enfants qui vivent sur ce niveau cherchent également à se réincarner du fait qu'il leur manque encore la relation d'amour avec Dieu et Sa Vie. Les anges-instructeurs font quantité d'efforts pour enseigner et montrer aux âmes la Toute-puissance de Dieu. C'est justement en passant par le niveau de l'ordre que s'élèvent les rayons partiels des minéraux, les petites particules partielles, les groupes de petites âmes ou les petites âmes partielles des plantes et du règne animal. Bien peu de ces âmes liées à la Terre montrent un intérêt actif à cette ascension évolutive de la vie de la Création. Il est pourtant merveilleux, tout particulièrement sur ce niveau, de voir l'évolution des éléments de la Création, car eux aussi, après un certain cycle de vie terrestre, sont attirés par les plans spirituels purs ou par des formes de vie élevées. Sur le niveau fondamental de l'ordre, l'âme manque d'intérêt pour l'amour divin et son enseignement. Dans ces sphères, les âmes ont des aspirations similaires à celles de l'humanité qui tend vers la matière. Un adage des êtres humains dit : « L'arbre reste couché tel qu'il est tombé. » En d'autres termes, l'âme reste telle que l'être humain a vécu.

Le règne animal qui se trouve également sur le niveau fondamental de l'ordre est orienté et guidé de manière merveilleuse par l'être spirituel responsable. Les âmes qui s'y intéressent voient le lion se coucher près de l'agneau, le chat et la souris se côtoyer, tout comme le chat et le chien. Les oiseaux vivent en harmonie avec les reptiles. Dévorer et se faire dévorer n'existe plus !

Contempler cela ferait avancer merveilleusement Mes enfants du royaume des âmes, dès le niveau de l'ordre, s'ils pouvaient y ouvrir leur cœur.

Ô voyez, c'est ainsi qu'agissent l'ange-guide et l'ange-instructeur. Vous allez demander : « D'où viennent les êtres spirituels responsables et les anges-instructeurs ? »

Ils viennent de la patrie céleste. Les anges-instructeurs ainsi que les anges-guides sont issus de leurs sphères célestes respectives. Si, par exemple, le niveau fondamental de l'ordre ou de la volonté a besoin d'un ange-instructeur, alors un être spirituel des cieux purs du plan céleste de l'ordre ou de la volonté se rendra dans le niveau d'enseignement. Dans les plans de purification, appelés également niveaux ou plans d'enseignement, les êtres spirituels représentent la régence du plan céleste auquel ils appartiennent. Ils instruisent également les âmes en fonction des connaissances de ces dernières. Si les âmes n'acceptent pas ces enseignements, la protection de l'âme (la protection du Christ) se retire selon un cycle spirituel déterminé et les actes de l'âme sont alors produits sous forme d'images, ceci afin de stimuler l'âme à se repentir. Lorsque la protection de l'âme se retire, les rayons cosmiques pénètrent les particules de l'âme et la stimulent, l'incitent à prendre conscience de son comportement erroné. Seule la Terre possède une atmosphère ayant un effet de filtrage des rayonnements. D'une manière générale, ce n'est pas le cas pour l'ensemble des autres planètes de substances plus fine qui, elles, présentent des conditions climatiques différentes. Il est important que l'âme continue à être incitée à prendre conscience de son comportement erroné, à le mettre en ordre et à pardonner, ainsi qu'à développer l'amour pour le prochain !

Le cœur des êtres humains est atrophié. Ils parlent bien de leur Sauveur, mais leur cœur est très éloigné de la seule force pérenne qui soit. Grâce à la rédemption, J'ai rendu l'accès possible à chaque niveau dont J'ai parlé, pas seulement dans l'infini, mais aussi en chaque âme. L'être humain pourrait avoir atteint un degré de maturité spirituel élevé car près de 2000 ans de grâce se sont écoulés depuis. Durant cette période, les êtres humains et les âmes auraient pu développer nombre de ces niveaux. Tous ont reçu la force de sortir vainqueurs – en habit terrestre – de tous les niveaux. Mais puisque le Christ vainqueur n'est pas reconnu, Je vous pose cette question : Avec quelle force voulez-vous vaincre ? Avec l'égoïsme et l'égocentrisme ? Avec les illusions du monde extérieur ?

L'être humain est lui-même l'auteur de ces caractéristiques terrestres, c'est la raison pour laquelle l'âme y est liée. Toute âme atteindra les cieux si elle se libère de ces aspects liés à ce monde et s'efforce d'atteindre les niveaux de conscience de l'Esprit, car elle doit parcourir chacun de ces niveaux.

Qu'est-ce qu'une illusion ? Par exemple, vos Eglises extérieures. Si l'être humain est enraciné dans les croyances des Eglises, l'âme ne peut pas devenir libre, car il n'y a pas d'Eglise extérieure dans le royaume de Dieu. Sur l'un des plans des qualités, l'âme doit se libérer de l'emprise qu'elle a subie.

Lorsqu'un prêtre est lié au dogme, son âme reste liée au dogme. Une âme obstinément crispée de la sorte peut vivre des éons dans cet état jusqu'à ce qu'elle reconnaisse la clé de voûte du Christ qui est vérité et liberté.

Dans la vie à sept dimensions qui ne connaît ni espace ni temps, il y a de nombreuses possibilités de se libérer de ses charges. C'est pourquoi chaque âme doit être guidée et instruite en fonction de son degré de maturité.

L'humanité s'accroche à ses Bibles. Elle parle des paroles de Jésus qui y sont citées, mais très peu de Mes enfants vivent selon ces paroles. Si ce qui a été mis par écrit n'est pas vécu, alors tout livre, même la Bible, est sans valeur pour les êtres humains. Je n'aime pas parler des Bibles, car on n'y trouve que des vérités partielles. À la suite des nombreuses traductions effectuées par des personnes non éclairées, l'œuvre sacrée est devenue une œuvre humaine ; l'Esprit n'en cite que les vérités ou rectifie certaines choses. Les Ecritures saintes sont les rouleaux de papyrus ; ils contiennent le sens élevé de la vie, ils sont sacrés parce que le seul Saint qui soit, Mon Père, les a inspirés.

Je reviens au niveau de l'ordre. Les âmes errantes liées à la Terre, fatiguées et tourmentées par les stupéfiants, l'alcool, les mauvaises paroles et les mauvaises œuvres, ont besoin de beaucoup de repos après avoir quitté leur corps humain.

Au nom du Seigneur et selon Sa volonté, l'être spirituel responsable a aménagé de différentes façons les planètes attribuées au repos de ces âmes. C'est sur le niveau fondamental de l'ordre et ses sous-niveaux que se trouvent, entre autres, les planètes de repos. Les âmes sont libres de choisir leur planète et leur lieu de repos. Cependant, la planète doit s'harmoniser avec les vibrations de l'âme. Sur les planètes de repos, on trouve des pinèdes, des prairies de repos, des maisons, des jardins. Toutes les formes et couleurs sont adaptées à la gamme vibratoire du plan de l'ordre. Tout comme la Terre donne naissance à sa vie matérielle grâce à la force de Dieu, il en va de même de toutes les autres planètes. L'âme peut se reposer dans un jardin, sur un banc, dans une maison ou une prairie de repos, selon son choix, mais elle reste constamment sous le regard attentionné d'un ange-instructeur. Les âmes ne dorment pas comme les êtres humains, elles se reposent.

Les âmes reçoivent toutes les aides possibles, mais elles ne les acceptent pas toujours. Que l'âme suive ce qui lui est dit ou non, qu'elle se repose ou continue à vivre et à agir au milieu de ceux qui lui ressemblent, le rayonnement la touchera un jour ou l'autre, même si cela prend des éons. Le soleil l'éveillera. Un jour ou l'autre, il rayonnera sur chacun de ses actes ; la lumière révèle tout au grand jour. Ainsi, chaque âme est amenée à prendre une décision : poursuivre son évolution ou s'incarner une nouvelle fois. Tout cela lui est révélé avec amour par l'ange-instructeur.

Grâce aux images qui émergent en elles sous l'effet du rayonnement cosmique, l'âme peut elle-même et avec l'aide d'un ange-instructeur reconnaître où elle en est, mais également voir ses possibilités d'évoluer. L'ange-instructeur l'informe des difficultés qu'amènerait une nouvelle incarnation ou des possibilités d'évoluer qu'elle lui offrirait, mais aussi des dangers que celle-ci comporte. L'ange-instructeur aborde également le cycle des éons et les possibilités d'évoluer que celui-ci présente pour l'âme. Sur le niveau de l'ordre, de nombreux êtres aspirent à se réincarner du fait que l'être humain qu'ils ont été, et donc l'âme qu'ils sont maintenant, étaient et sont encore ignorants. Toutes les âmes n'acceptent pas de recevoir un enseignement. Les âmes traitent souvent rudement les anges-instructeurs, tout comme elles ont vécu et se sont comportées en tant qu'être humain.

Les messagers de lumière sont extrêmement patients pour transmettre aux âmes les connaissances dont elles ont besoin. De temps à autre, ils sont amenés à utiliser des vibrations éducatrices en provenance de l'attribut de l'ordre, appelé aussi qualité de l'ordre. Cela est possible car tout être spirituel parfait est à même de puiser et d'agir à partir des vibrations des sept qualités. Tout comme l'Esprit omniprésent utilise ses sept qualités, dans lesquelles se trouvent les quatre attributs, et se manifeste à travers les différentes tendances vibratoires, cela est également possible aux êtres spirituels parfaits. En effet, Dieu, le Seigneur, a déposé la totalité de l'Existence dans le corps spirituel de chacun de Ses êtres, mais pas l'omniprésence qui est uniquement ancrée en Dieu le Père et dans le Christ de Dieu.

Sur tous les plans, la devise de l'œuvre de la Vie est de « ramener à la maison tous les enfants de Dieu ». Ce qui a lieu dans les plans de purification doit également avoir lieu sur Terre. Sur la Terre aussi, la devise est : Ramener à la maison tous les enfants de Dieu à travers Jésus, le Christ, le Fils de Dieu, qui est le Rédempteur de l'humanité. Soyez conscients que toute image d'avenir que l'être humain se fait se reflète dans son âme. Il est donc très important de vivre toujours dans le présent avec Dieu notre Père et avec votre Rédempteur.

Celui qui pervertit les autres par des paroles ou des actes doit en porter le fardeau jusqu'à ce que son comportement lui soit pardonné. Alors seulement, Dieu peut lui pardonner. Celui qui donne de faux enseignements doit également en supporter les conséquences. Celui qui a été trompé doit pardonner à celui qui l'a trompé ! Une âme reste donc liée à celui qu'elle a trompé jusqu'à ce que ce dernier lui pardonne grâce à ses prises de conscience spirituelles.

Par conséquent, faites attention à vos pensées, à vos paroles et à vos actes. Ils peuvent très rapidement être fatals à votre âme. Celui qui reparle régulièrement de ce qu'il a subi ne l'a pas encore pardonné, même s'il le croit. Le fait d'en reparler encore et encore réactive ce qui a été causé car tout est vibration.

Celui qui aime la Création de Mon Père aime aussi Ses créatures, les êtres humains ainsi que toutes les formes de vie, des plus élevées aux plus inférieures. Efforcez-vous de faire preuve d'amour envers toutes les formes de vie de la Création. Soustrayez-vous aux influences négatives, essayez de penser positivement. Alors, Mes chers enfants, la force du Créateur s'éveille dans votre âme. Elle la libère du niveau de l'ordre, car vous l'avez déjà parcouru en tant qu'être humain, grâce à la force de la pensée positive.

Le premier niveau fondamental, l'ordre, comprend également des sous-niveaux. Pour une meilleure compréhension, Je fais un rappel : l'ordre est le niveau fondamental ; ses sous-niveaux sont la volonté, la sagesse, la rectitude, la patience, l'amour et la miséricorde.

Je suis la Vie en chaque âme et en chaque être humain ; cheminez vers cette vie consciente. Celui qui vit en Moi devient libre, aussi libre que Je l'étais en Jésus de Nazareth. Je suis le Christ vivant qui habite en chaque âme. Le Christ était en Jésus ; par l'acte de rédemption, Je suis en vous. Celui qui chemine vers la lumière de la vérité en pensées, paroles et actes vit dans la force de la bénédiction éternelle de Mon Père.

Amen.

Deuxième niveau de l'âme
(volonté)

Je suis la Vie ! Souvenez-vous toujours de ces paroles, car conformément à Mon souhait, l'âme atteindra le ciel de l'amour que J'ai reconquis pour elle, car le but de la vie est l'amour ! Ouvrez votre cœur et entrez dans le royaume intérieur où Je demeure. Ne Me cherchez pas dans le monde extérieur ; Je suis venu pour vous annoncer le salut intérieur, le « Je Suis ». Je suis cette Existence éternelle envoyée par le Père pour vous reconduire tous à la maison du Père.

Ô, si vous pouviez accéder à vos sphères intérieures et reconnaître votre propre existence dans ce « Je Suis », vous pourriez vivre à tout moment dans cette présence divine. Ô, écoutez ce mot : « Vie ». Ne vivez-vous pas dans la limitation de la mort ? Cependant, Moi, qui ai pris chair, Moi qui reviens, qui reviens dans les Miens, Je vis dans vos âmes. N'êtes-vous pas tous « les Miens » ? Ne suis-Je pas mort pour vous tous et ressuscité afin que vous puissiez ressusciter vous aussi ?

Mais qu'est devenu le « Tout est accompli » ? La Parole s'est faite chair, l'Esprit s'est orienté sur la maison du Père éternel, seules vos âmes sommeillent encore ici-bas.

L'Esprit de la Nouvelle Alliance qui se révèle, le Christ, aimerait réveiller vos âmes et vous montrer le chemin de la maison du Père, car c'est uniquement par Moi que vous parvenez à cette liberté que vous possédez en vous. C'est pourquoi vous devriez prendre conscience de la Vie et ne pas rester accrochés à la conception de la mort. Ne craignez rien, car Je suis avec vous tous les jours de votre vie éternelle. Est-ce que ce ne sont pas là des mots merveilleux, des pensées d'amour ? Qu'ils s'ancrent profondément dans vos âmes et accomplissent ce que J'ai exprimé et continue d'exprimer : Je suis l'Existence éternelle. Cette Existence éternelle est le Christ qui a accueilli les êtres humains et les âmes qu'Il aimerait animer de Son Esprit. Je conduis chacun au Père, à Dieu, notre Seigneur qui est la Vie. Ce Dieu agit en chaque âme. Cependant, si vous n'honorez pas

Dieu, mais vénérez seulement le monde, vous vivrez longtemps sur le niveau de l'ordre dont J'ai déjà parlé.

L'humanité vit sur ce niveau de l'ordre. Pourquoi ? Parce qu'il est la vibration la plus basse de l'univers.

Cependant Dieu M'a envoyé sur ce niveau, Moi, Son Fils, afin que les âmes puissent, en passant par l'ordre, accéder aux sphères de la perfection. Sur le niveau fondamental de la volonté, Je dois également répéter certaines choses à Mes enfants terrestres afin qu'ils puissent mieux comprendre les processus de l'Esprit.

Dans le Royaume divin, il y a sept qualités dont quatre attributs divins. Ce sont l'ordre, la volonté, la sagesse, la rectitude, la patience, l'amour et la miséricorde. Ils constituent les sept cieux qui gravitent autour du soleil central primordial. L'astre souverain du Père, c'est ainsi que nous appellerons le soleil central primordial, porte tous les plans par le biais de la loi spirituelle de la gravitation. Vous savez que les masses s'attirent mutuellement ; il en va de même des formes primordiales.

De gigantesques planètes dépourvues de poids gravitent autour de leurs soleils dans les plans célestes qui leur sont destinés. Ces plans, appelés également cieux, sont sous la régence des qualités manifestées qui sont, entre autres, les fils de Dieu. Voyez, Je suis le Premier-né qui vous instruit et vous conduit à travers tous ces niveaux jusqu'à la maison du Père.

Le premier enfant de la chute, que vous appelez « Lucifer », voulut être comme Dieu et diviser la Création ! Grâce à Mes enseignements, certains d'entre vous savent qu'il s'agit d'un ange féminin. Par la miséricorde que J'ai offerte au monde alors que J'étais en habit terrestre, J'ai vaincu cet ange féminin. La Création ne peut pas être divisée parce que les masses se portent mutuellement. Cependant, des parties de planètes spirituelles ont été transportées hors de la patrie éternelle, dans l'univers. En raison des pensées négatives, ces planètes partielles se densifièrent. Ainsi, votre Terre également n'est qu'une planète partielle qui porte cependant en elle les sept rayonnements divins. Sa substance élémentaire appartient à la patrie éternelle, aux planètes primordiales de matière subtile, tout comme votre corps éternel. Chacun d'entre vous est aussi un corps issu du grand corps du Père universel. Lorsque l'être spirituel descend dans les profondeurs, l'âme de substance flexible qui constitue son corps spirituel se replie, se rétracte.

Voici une image vous permettant de mieux comprendre : De nombreuses fleurs terrestres ne s'ouvrent que lorsqu'elles reçoivent la lumière du soleil. Si des nuages cachent le soleil, elles restent fermées.

La lumière est le carburant de la vie. Lorsque la lumière de l'âme diminue parce que cette dernière entre dans la sphère terrestre, la lumière se transforme aussi dans sa structure spirituelle faite de particules. En conséquence, les particules de l'âme se pressent vers la lumière encore présente, c'est-à-dire qu'elles commencent à s'emboîter les unes dans les autres afin de continuer à pouvoir vivre du carburant primordial, la lumière. Lorsque la structure spirituelle de particules se rétracte, c'est que l'âme attend de revêtir son nouvel habit terrestre. Au premier cri du nouveau-né, l'âme rétractée entre progressivement dans l'habit terrestre. La lumière de l'âme pénètre dans les cellules de l'habit terrestre et constitue l'aura de l'être humain. Le potentiel spirituel atrophié devrait être redéveloppé au cours du cheminement sur Terre. Toutes les particules chargées de l'âme devraient être libérées grâce à une vie terrestre consciente. Ainsi, l'âme peut se développer et puiser de nouvelles forces spirituelles pour accéder à des sphères plus élevées après son passage sur Terre. Si ce n'est pas le cas, elle reste liée au niveau de l'ordre ou de la volonté, dont J'aimerais parler maintenant.

La qualité divine qu'est la volonté est un plan céleste ainsi qu'un niveau de purification. Il possède à son tour les sous-niveaux de l'ordre, de la sagesse, de la rectitude, de la patience, de l'amour et de la miséricorde, car aucune qualité divine ne peut exister sans les autres. Lorsque dans l'âme tous les niveaux sont animés et vivifiés par l'Esprit de Dieu, alors seulement l'enfant peut dire : « Le Père et moi sommes un. » Aucune âme ne peut vivre sans l'Esprit. L'Esprit c'est Dieu et

Dieu c'est la force. De ce fait, l'âme ne peut vivre sans les qualités et attributs divins, car ils sont les lois de la Vie.

Dans l'univers la Loi est vécue, donc également dans l'âme qui est cosmique. Si ce n'est pas le cas, l'âme doit évoluer en développant une qualité divine après l'autre.

Hors du plasma solaire, le niveau de la volonté est aussi un plan de purification comportant de nombreux systèmes solaires adaptés à la tendance vibratoire des âmes. C'est là que se trouvent les corps spirituels qui ont parcouru avec succès le niveau fondamental de l'ordre avec ses sous-étapes.

Sur le niveau de la volonté, l'âme est orientée sur la volonté de Dieu ; là, elle doit comprendre et vivre ce qu'elle porte en elle depuis le commencement des commencements et qui, en raison de l'incarnation, est soit recouvert, soit chargé. Sur le niveau de l'ordre, les âmes ont appris la pensée divine, c'est-à-dire la sensation lumineuse.

En vérité, Je vous le dis, vos pensées ainsi que vos paroles ont une force inimaginable ! Par conséquent, examinez vos pensées, afin que l'âme puisse quitter ce niveau de l'ordre et passer au niveau de la volonté.

Du fait que l'âme est un corps issu du corps du Père universel, elle doit respecter la loi spirituelle de la gravitation. Chaque âme doit vivre ce qu'elle a entendu. Ainsi, les particules de l'âme se purifient et s'orientent sur la loi divine de la gravitation, car le principe qui régit l'âme et son développement est : « Les semblables s'attirent. » Si l'âme n'a pas vécu le niveau de la volonté et ne s'est pas encore exercée à accomplir la volonté divine, elle reste liée à ce niveau jusqu'à ce qu'elle vive parfaitement cet aspect de la loi de Dieu ; alors seulement, elle a suffisamment éclairci et développé ses particules pour être attirée par le niveau suivant. Sur le niveau de la volonté également, un ange-guide a créé des maisons spirituelles qui ne sont pas comparables aux maisons terrestres. Tout comme les jardins et les sentiers qui existent sur ce plan, elles ont été créées pour les âmes du niveau de la volonté en fonction de l'énergie vibratoire de ce plan.

L'âme partielle de chaque animal, toute particule spirituelle partielle de la nature, voire ce qui n'est souvent qu'un rayon spirituel, contenu par exemple dans les minéraux, véritablement tout doit être orienté sur la loi divine de la gravitation. Les animaux spirituels possèdent également les quatre attributs divins, l'ordre, la volonté, la sagesse et la rectitude. Chaque petite particule se développe progressivement selon la loi de Dieu et est orientée sur la Vie qui englobe toute chose.

Sur le niveau de la volonté aussi, il est enseigné à l'âme : Connais-toi toi-même et reconnais ta volonté propre. Tu dois t'en défaire complètement, seule la volonté du Père est éternelle, car Sa volonté est le « Que cela soit ! », un attribut et en même temps une qualité.

La volonté est donc une qualité créatrice de Dieu et en même temps un attribut, tout comme l'ordre est « la pensée ». L'âme doit reconnaître le « Que cela soit ! » et se défaire de sa volonté de nature humaine. C'est dans ce but qu'elle passe d'un sous-niveau à l'autre, afin d'activer en elle la loi de la volonté du Père.

Il est enseigné à l'âme ce qui suit : Tu connais la pensée divine, maintenant tu dois activer en toi le « Que cela soit ! », la volonté divine, car après le « Que cela soit ! », il t'est donné d'agir de façon créatrice. Ainsi, l'âme, accompagnée de son ange gardien, passe par tous les sous-niveaux. Selon les indications de l'ange-instructeur, elle oriente progressivement ses particules sur la loi divine de la volonté.

Chaque âme doit apprendre, enregistrer en elle, reconnaître certaines choses et mûrir. Les anges gardiens ainsi que les anges-instructeurs sont là pour préparer les âmes à l'évolution. Si l'âme se contente de dire : « En effet, je l'ai déjà entendu », alors l'ange-instructeur lui demande : « As-tu mis en pratique ce que tu as entendu ? Si ce n'est pas le cas, tes particules spirituelles ne s'ouvriront pas. Seul celui qui vit ce qu'il a entendu apporte de la lumière dans son âme cosmique. Celui qui n'oriente pas son champ magnétique spirituel sur le niveau supérieur suivant – en vivant intensément ce qu'il a appris – ne sera pas attiré par ce niveau. C'est uniquement par cette mise en pratique que tu développes ton âme qui peut alors passer au niveau de conscience supérieur. C'est pourquoi », poursuit l'ange-instructeur, « sur le niveau de la volonté, accomplis la Loi, afin que le niveau fondamental de la sagesse – appelé aussi "ciel de la sagesse" dans les domaines purs – puisse t'attirer. Car vois, beaucoup sont passés avec toi du niveau de l'ordre au niveau de la volonté et certains ont déjà atteint le niveau fondamental de la sagesse. Puisque tu te contentes de dire "oui, j'écoute" », dit l'ange-instructeur à l'âme, « mais que tu ne vis pas ce que tu entends, tu restes lié à ce niveau. Ce n'est pas ton intelligence terrestre qui est décisive. Plus l'intelligence terrestre de l'être humain est grande, plus l'âme aura du mal à avancer sur les niveaux de l'âme ! Seule l'intelligence divine est éternelle et devrait être prise en considération. Sur Terre », poursuit l'ange-instructeur, « tu as laissé ton âme s'appauvrir, car tu t'es orienté uniquement sur les sagesses terrestres ».

Ô voyez, c'est aussi ce que l'Esprit du Fils vous dit : « *Devenez comme les petits enfants, car le royaume des cieux leur appartient.* » Seule la vérité divine est éternelle, pas l'intelligence terrestre.

L'intelligence divine se révèle dès que tu orientes tes pensées vers ton Père et que tu accomplis Sa volonté.

Tous les sous-niveaux de la volonté doivent être parcourus avec succès, que ce soit celui de la sagesse ou de la rectitude, de la patience, de l'amour ou de la miséricorde. C'est pourquoi, ô âme, si tu te contentes d'écouter sans mettre en pratique, tu restes liée au niveau où tu te trouves.

Le protégé reste constamment sous le regard attentif d'anges gardiens. Ô, vous les êtres humains et les âmes, sachez que vous n'êtes jamais seuls !

Si l'être humain accomplissait la volonté du Père, il pourrait ressentir le monde spirituel et aussi le contempler. Mais si l'être humain ne comprend pas la lumière du monde qui se trouve dans le « Tout est accompli », comment la lumière peut-elle ouvrir les âmes ? Ô voyez, c'est la raison pour laquelle l'âme reste longtemps liée à son niveau, jusqu'à ce qu'elle reconnaisse Celui qui lui a offert le « Tout est accompli ». Moi, Jésus, le Christ, par la miséricorde et l'amour, J'ai ouvert l'accès à tous les niveaux dont Je parle.

Ô voyez, sur le niveau de la volonté aussi se trouvent des « âmes-enfants ». En réalité, ce sont des âmes qui ont quitté leur corps humain pendant l'enfance. Du fait que l'âme absorbe toutes les pensées, ces âmes réagissent de manière naïve et enfantine.

Avec beaucoup de patience et d'amour, les anges-instructeurs libèrent les âmes de leur vision du monde imprégnée des conceptions des Eglises.

Dans la patrie éternelle, il y a aussi des enfants, car il y a également des familles spirituelles. Je vous parlerai plus tard de la patrie éternelle, lorsque Je vous aurai parlé des différentes étapes de votre âme. Ces « sphères d'enfants », nous les appellerons ainsi, accueillent les âmes qui ont quitté leur corps physique pendant l'enfance. Ces sphères d'enfants ont été créées après Mon « Tout est accompli » grâce à la force de la lumière éternelle. Par la force de la pensée divine, des êtres spirituels responsables y ont créé des terrains de jeux ainsi que des maisons spirituelles.

Beaucoup de ce que Je révèle ici ressemble à un conte de fées. Cependant, le royaume spirituel est bien vivant, beaucoup plus vivant que l'être humain ne pourra jamais l'imaginer ! Je ne vous raconte pas un conte de fées, Je vous parle des étapes que votre âme, que toute âme doit parcourir.

Par le biais d'un jouet inanimé, tel qu'un animal en peluche, l'âme enfantine est conduite vers un animal vivant et apprend ainsi à développer une relation avec le monde animal. Contrairement aux animaux de la Terre, dans le royaume de la Vie les animaux ne connaissent pas la peur ! Sous l'effet de la volonté de l'ange-instructeur, ils viennent vers les enfants qui ont alors la joie de les toucher et de jouer avec eux, ce qui contribue à renforcer spirituellement leur âme. C'est ainsi que les âmes des enfants se déshabituent des jouets inanimés, les animaux en peluche, les poupées, etc.

Les âmes des enfants s'ouvrent beaucoup plus rapidement à la force divine qu'elles accueillent bien plus naturellement que les âmes maltraitées par l'adulte qu'elles ont été. En conséquence, l'énergie spirituelle afflue dans les particules de l'âme, ce qui lui permet de mûrir.

Ainsi et de manière similaire, par l'intermédiaire d'objets matériels, les âmes des enfants sont conduites au cœur de la Vie, à l'Esprit qui est dans l'âme. À une autre occasion, l'ange-instructeur lui demandera : « Veux-tu faire un tour avec un "véhicule" (un jouet) ? » L'être spirituel responsable crée alors un véhicule et dit à l'âme : « Maintenant, fais-le avancer ! » Après un certain temps, l'âme de l'enfant ressent à nouveau la force intérieure de la Vie. Elle met de côté le véhicule qui retourne alors à la substance primordiale. Pourquoi agit-elle ainsi ? Parce que d'autres particules spirituelles se sont ouvertes en elle, faisant naître en elle un nouveau pressentiment : « Pourquoi un véhicule ? », se demande-t-elle, « après tout, j'ai en moi la force du mouvement ; je me sens pleine de force et beaucoup plus rapide que si j'avais un véhicule ».

Ô voyez, c'est ainsi que, patiemment, ces âmes d'enfants sont préparées à l'évolution. Avec grandes précautions, il leur est communiqué qu'elles sont un être parfait qui devrait être conduit dans le royaume spirituel, jusqu'à la perfection. On entend souvent dire : « Pauvres enfants, ils ont perdu la vie si tôt ! » Maintenant, vous réalisez combien la grâce de Mon Père est grande. Beaucoup d'enfants ne se chargent pas dans ce monde, c'est pourquoi ils s'acquittent plus rapidement de leur fautes, voire souvent d'un important karma.

Ils passent très rapidement du niveau de l'ordre à celui de la volonté et poursuivent avec joie leur chemin, car ils apprennent plus facilement et vivent ce qu'ils apprennent.

La plupart des âmes d'enfants ne souhaitent plus se réincarner sur Terre en passant par le niveau de l'ordre, à moins que cela ne le leur soit conseillé. Elles ont reconnu ce qu'est la Vie, la patrie spirituelle, le mouvement. Elles ressentent l'âme cinétique qui contient tout.

En vérité, Je vous le dis, vous devez ouvrir, développer, tous ces niveaux et activer tous ces sous-niveaux. Ô commencez, commencez sur Terre, car chaque niveau peut représenter un éon pour vous. Vous pouvez le parcourir plus ou moins rapidement, cela dépend de votre volonté ; la volonté du Seigneur est « Que cela soit ! ».

Toutes les âmes du niveau de la volonté ne sont pas encore libérées du rayonnement de la Terre. Tant que les quatre qualités de création, appelées également attributs, ne sont pas développées, le rayonnement terrestre reste présent dans l'âme. Nous appelons les quatre qualités de création les stabilisateurs spirituels de l'âme, car c'est dans ces quatre qualités ou attributs divins que l'âme doit se stabiliser.

Les quatre attributs ou qualités de création sont :

L'ordre, la pensée ; la volonté, le « Que cela soit » ; la sagesse divine, la réalisation ; la rectitude, l'amour du Créateur. Toute âme doit lutter pour atteindre ces quatre stabilisateurs afin de pouvoir accéder aux autres qualités – la patience, l'amour et la miséricorde – qui se trouvent devant la porte des cieux. Celui qui a atteint ces trois qualités de la filiation divine devient ce qui est appelé un semi-ange qui enseigne et sert ses frères et sœurs sur d'autres plans. Bien que de nombreuses âmes connaissent leur nature divine, l'attraction de la Terre est plus grande que la force de retourner à la maison du Père. Pourquoi ? Parce qu'elles voient les étendues infinies qu'il leur reste encore à parcourir.

C'est pourquoi, ô êtres humains, écoutez la voix de votre Frère et la voix de votre Père, écoutez le Rédempteur, le Je Suis. J'aimerais instruire l'humanité, car des années peuvent suffire à une âme incarnée pour apprendre et réaliser ce qu'une âme désincarnée n'est souvent pas à même d'accomplir en un éon. C'est la raison de l'œuvre de rapatriement et de ces enseignements, car le temps approche où les années auront passé et où l'âme sera en habit d'âme dans le temps des éons.

Cet appel du Maître s'adresse à vos âmes :
Quand reconnaîtrez-vous la lumière de votre conscience véritable ?
Quand allez-vous ordonner vos pensées ?
Quand ferez-vous la volonté du Père ?
Quand reconnaîtrez-vous l'action de Dieu, Son intelligence éternelle ?
Quand saisirez-vous la gravité de l'époque ?

Quand reconnaîtrez-vous la rectitude de Dieu qui dit : « Ma Loi est immuable » ?

C'est pourquoi Il a dit : « *Que vienne une nouvelle Terre et un nouveau ciel.* » En disant cela, le grand Un universel parlait de l'ordre.

L'être humain est rarement à même de comprendre Mes paroles, c'est pourquoi il accuse Dieu. Le Dieu d'amour a souvent envoyé des prophètes pour instruire l'humanité, mais l'être humain ne les a pas crus et ne les croit toujours pas. Nombreux sont les doutes et les opinions de Mes enfants qui M'entendent et se demandent si c'est vraiment Moi ! Les pharisiens et les scribes dirent eux aussi : « Le Nazaréen prétend entendre la voix de Dieu. Nous, nous sommes mandatés par Dieu, car nous avons étudié Sa sagesse pendant de nombreuses années. »

Je leur dis alors, et Je vous le dis aussi : « *Devenez comme les petits enfants, car le royaume des cieux leur appartient.* » Si vous ne devenez pas comme les petits enfants, l'Esprit de la Vie ne se développera pas en vous. C'est uniquement par une foi et une confiance d'enfant que vous pouvez entendre Ma voix qui se révèle dans vos âmes, dans le « Je Suis ». Je suis l'Existence éternelle, car le Père et Moi, sommes un ! C'est pourquoi, Je M'adresse à vous, Mes enfants. J'ai pris la tâche de reconduire les enfants de Dieu à la maison du Père. Faites vous-mêmes un examen de conscience en vous demandant : « Où en suis-je ? Suis-je sur le niveau de l'ordre ? Si je ne suis pas à même d'ordonner mes pensées, je ne peux pas aimer mon prochain. Si j'entretiens de la haine envers mon prochain, je serai sur le niveau le plus bas. Si je ne peux pas pardonner, je reste lié encore une fois. Celui qui pardonne, celui qui aime, cherchera à atteindre ce qui est plus élevé. »

Ô enfant humain, reconnais cela, car tu as trouvé grâce devant Dieu ton Père par Moi, Son Fils. Si tu entretiens de la haine envers ton frère, tu entretiens de la haine envers le Père, car en chacun se trouve la force de l'Esprit éternellement saint. Les mots « Tout est accompli » désignent le Christ qui est la lumière du monde.

L'être humain doit s'éveiller et apprendre à se connaître lui-même. En raison du sacrifice accompli sur le mont Golgotha, chacun est libre. Toutes les âmes deviennent libres en reconnaissant et parcourant les niveaux de la Vie. N'ayez pas peur, la grâce de Dieu est avec vous. Toutes ces étapes peuvent être franchies par la grâce du Père éternel !

La lumière pénètre dans le monde et les âmes ; marchez consciemment en direction de la vie éternelle, car la lumière est la foi qui mène à la vie consciente. Dites encore et encore : « Je suis un enfant de Dieu – et toi aussi. »

Pourquoi satan se déchaîne-t-il ainsi à l'extérieur ? Pourquoi les êtres humains sont-ils asservis par le satan des sens ? Parce qu'ils se détournent de Dieu, ne respectent pas les Commandements et ne croient pas en l'existence divine. Cependant, Dieu, le Seigneur, est toujours près de vous. Je le rappelle encore et encore : Il est la tête et vous, les membres.

Tant que l'être humain est en mouvement, l'Esprit est dans l'être humain et l'emplit d'amour. Je prépare pour vous les chemins de la Jérusalem éternelle. L'être humain et son âme devront lutter jusqu'à ce que l'âme reconnaisse la Vie qui l'habite ainsi que le JE SUIS.

Tes méfaits sont dans ton âme, élimine-les. Ecoutez la voix du grand Enseignant de la Nouvelle Alliance. Venez à Moi, Je vous accompagne à travers l'ordre jusqu'à la volonté dont les sphères sont déjà plus lumineuses, bien que le rayonnement de la matière soit encore en vous.

Entrez dans la Vie ! Vous avez entendu : « En vérité, Je vous le dis, celui qui écoute uniquement avec les oreilles extérieures ne peut croire ces paroles. Dès que vous ouvrez l'ouïe intérieure, l'âme s'enrichit », c'est là Ma Volonté ! Ô écoutez avec l'ouïe intérieure et vivez. Vivez la loi de l'Esprit. Orientez vos pensées sur Dieu, car, grâce à la pensée divine qui est un sentiment de nature divine, vous développerez dans ce monde tous ces niveaux fondamentaux et leurs sous-niveaux.

Dieu, notre Père éternel, M'a envoyé pour instruire l'humanité. J'enseignerai jusqu'à ce que l'être humain ait dit « Amen » à ce monde. Cependant, l'Esprit présent dans l'« Amen » dit :

L'« Amen » est l'évolution menant à la substance éternelle de Dieu. Je suis dans l'Amen, Mes enfants.

Troisième niveau de l'âme
(sagesse)

La conscience de Mon Esprit est dans tous Mes enfants. En cette heure, elle se révèle en paroles. En vérité, Je vous le dis, Mon Royaume, qui est aussi votre Royaume, n'est pas de ce monde. Cependant, vous avez choisi comme royaume la Terre, afin de vous purifier et d'entrer à nouveau dans la lumière qui est l'héritage de l'âme.

Vous recherchez la lumière. Où cherchez-vous la lumière du monde ? À l'extérieur ? Ce n'est en aucun cas là que vous la trouverez ! Vous ne pouvez pas la trouver sur cette Terre, mais uniquement en toute existence vivante. Entrez au plus profond de votre conscience véritable et éternelle, et vous trouverez le salut qu'est la lumière primordiale. Votre corps véritable se trouve en vous, l'être humain. L'être humain est à l'image de Mon Père. Il chemine sur cette Terre pour que son corps spirituel, qui vit en lui, devienne libre –

c'est-à-dire se libère de toute charge, et ainsi des incarnations qui sont synonymes de charges.

L'être humain n'a connaissance que de sa vie actuelle sur Terre. Ses incarnations passées lui sont cachées, car il est important qu'il vive dans le présent. Le salut se trouve dans l'être humain lui-même. Le Christ, l'Esprit qui se révèle, le Je Suis, vous ramène à la maison du Père à travers les niveaux de développement que nous appelons également niveaux de conscience ou plans de purification. Moi, le grand Enseignant de la Nouvelle Alliance, Je vous ai parlé du niveau de l'ordre ainsi que du niveau de la volonté. Je voudrais maintenant vous révéler le niveau de la sagesse. Tous ces niveaux ne peuvent être parcourus avec succès qu'avec la force de la rédemption. La rédemption est synonyme de miséricorde, car sans la miséricorde divine, il n'est pas possible à l'âme de parvenir au royaume de la perfection.

Le royaume de la perfection est la patrie de l'âme. La Terre, dans sa structure originelle, appartient également à ce royaume parfait. L'âme est née de toutes ces substances ; celles-ci la nourrissent et la portent. L'Esprit est la matière première de la Vie. Tous les niveaux dont Je parle sont des plans spirituels ; ils se trouvent dans votre âme et s'ouvrent à vous dès que vous les avez parcourus avec succès par une vie positive. Le niveau de la sagesse est un niveau créatif ; la sagesse est la justice et ainsi la réalisation. Dieu eut la première pensée qui était et est un sentiment : l'ordre. Dieu eut la première volonté, là aussi un sentiment : le « Que cela soit ». Par Son intelligence, Dieu créa, et ainsi toute chose fut réalisée.

Tous les niveaux spirituels, appelés également cieux, sont en vous. Chaque âme, individuellement, doit les réaliser grâce à la force de la rédemption. L'Esprit de l'amour est constamment prêt à servir les êtres humains et les âmes. Cependant, pour cela, il est nécessaire que l'être humain, donc aussi l'âme, vienne vers cet Esprit d'amour. Combien de fois l'être humain ne Le cherche-t-il pas à l'extérieur ? Il n'est pas possible de Le trouver dans des formes extérieures, dans des traditions et des coutumes, l'Esprit est libre – Il vit en chaque âme. Vous devriez être la demeure de l'Esprit saint. Dès qu'une personne entre dans son soi éternel conscient, l'Esprit lui donne de la force, du courage, des éclaircissements, et lui montre le chemin qui ramène à la maison éternelle du Père.

En pensées et en paroles, nous sommes maintenant sur le niveau de la sagesse. Les âmes ont ordonné leurs pensées et se sont orientées sur la volonté de Dieu. Des enseignements, appelés également pans de connaissance, s'ouvrent progressivement en elles. L'âme reçoit ainsi la lumière correspondante grâce à laquelle l'ordre ainsi que la volonté s'ouvrent à elle, pour autant que l'âme ait parcouru ces deux niveaux avec succès.

Maintenant, l'âme doit reconnaître mais également vivre la lumière de la sagesse. Tous les plans doivent ondoyer dans les lumières spectrales du cosmos. Votre aura doit devenir en majeure partie telle une mer au miroitement d'or et d'argent. Alors, vous êtes libres.

L'âme se trouve maintenant sur le niveau de la réalisation. Là, tel que Je l'ai décrit auparavant, les planètes sont déjà plus proches de la substance primordiale, presque dépourvues de poids, mais encore chargées d'un certain rayonnement terrestre. J'ai déjà enseigné que le rayonnement terrestre disparaît uniquement lorsque l'âme a franchi les quatre stabilisateurs qui sont, Je le rappelle, les quatre qualités créatrices : l'ordre, la volonté, la sagesse et la rectitude. Les âmes vivent aussi sur des planètes. Pourquoi les appelons-nous « âmes » et non « êtres spirituels » ? Parce que leur corps éthérique est encore chargé.

Lorsque les âmes se sont élevées jusqu'au plan de purification de la sagesse, elles ont déjà complètement parcouru et réalisé les niveaux de l'ordre et de la volonté.

Mes chers enfants, Je parle au nom du Père éternel, car le Christ de Dieu a pris la tâche de ramener toutes les âmes à la maison du Père. Retourner à la maison du Père signifie : Connais-toi toi-même, vis les lois divines ; alors seulement l'âme peut retourner à la maison du Père éternel. Celui qui ne reconnaît pas la vérité, qui ne vit pas ce qu'il a reconnu, ne peut pas retourner dans la maison du Père. C'est pourquoi les niveaux doivent être parcourus les uns après les autres. En d'autres termes, la force de Dieu qui est en vous doit être réalisée.

Des sphères d'enfants se trouvent également sur ces planètes. Ces âmes créent et comprennent que pour la première fois elles peuvent réaliser leur pensée et leur volonté.

Je vous ai parlé des êtres spirituels responsables. Vous connaissez aussi l'existence des anges-instructeurs. À tout moment, chaque être humain, ainsi que chaque âme, a un être spirituel à ses côtés. Vous n'êtes jamais seuls. À chaque instant, vous êtes sous le regard attentionné d'un être spirituel. Chaque âme porte en elle la force de l'Esprit saint qui maintient tout en mouvement. De ce fait, l'âme porte en elle la vie éternelle et comme les êtres purs qui l'accompagnent, elle est un enfant du cosmos.

Comment l'ange-instructeur instruit-il l'âme ? Il dit : « Réjouis-toi, la force de la sagesse t'a attirée, tu as parcouru avec succès le niveau de la volonté. Maintenant, tu passes à la réalisation. Mais rappelle-toi que Dieu est juste. Tout ce que tu crées maintenant doit provenir de l'action juste, sinon tes souhaits ne se réaliseront pas. Ta pensée doit être une pensée parfaite en Dieu, ta volonté aussi.

Les demeures, que vous appelez maisons, retournent à la substance primordiale dès que les êtres spirituels qui les ont habitées sont menés plus loin. D'autres âmes qui s'élèvent maintenant sur ce niveau viennent sur ces planètes ; elles aussi peuvent maintenant créer.

Que désire une âme qui passe des niveaux inférieurs aux niveaux plus élevés ? Souvent elle désire encore ce qu'elle n'a pas pu obtenir en tant qu'être humain sur la Terre. Elle désire certains objets que produit la Terre. L'ange-instructeur lui dit : « Essaie maintenant, prends une pensée, mais je te conseille de prendre une pensée divine, prends la volonté de Dieu et crée. » L'âme commence à créer, elle prend une pensée, l'anime et la vivifie dans la volonté, et essaie de la manifester par la réalisation qui est la sagesse divine. Mais le résultat n'est pas comme l'âme l'avait imaginé. Pourquoi ? Car des sensations appartenant au monde se trouvaient encore dans ses conceptions.

Alors l'ange-instructeur entre en action : « La tâche était d'éviter ce qui appartient au monde. Ce que tu as souhaité n'existe que sur la Terre et cette substance terrestre va disparaître car elle n'est pas substance primordiale. Les dons divins ne peuvent que provenir de la planète qui porte ta vibration. Tu ne peux donc créer que ce qui est de nature spirituelle et accessible à ta vibration momentanée.

Sur le niveau de la sagesse, chaque âme est également instruite individuellement, en fonction de sa charge. Les âmes peuvent concevoir ou créer leurs habitations, c'est-à-dire les réaliser. La joie de pouvoir faire quelque chose est grande, car sur les niveaux de l'ordre et de la volonté, il n'y avait qu'apprendre, comprendre et vivre. Alors que maintenant, il s'agit de comprendre et de réaliser.

Ô voyez, tous ces dons divins du développement sont en vous et doivent seulement être éveillés. En disant qu'ils doivent être éveillés, Je veux vous dire que votre corps éthérique est immortel. Même si cela prend des éons, il vous faut parcourir avec succès tous ces niveaux, car ils sont dans votre âme. Ces niveaux spirituels sont la constitution même de votre corps spirituel qui se perfectionne au fil de l'évolution. Ainsi, chaque âme doit activer tous les niveaux fondamentaux, ainsi que leurs sous-niveaux, sinon elle ne peut pas accéder au stade de développement ultérieur. La loi spirituelle dit : L'âme ne progresse que par l'attraction, et seulement après avoir orienté ses particules sur le champ gravitationnel divin, par ses pensées – c'est-à-dire ses sensations –, sa volonté et ses actes.

Sur le niveau de la sagesse, l'âme passe ainsi d'un sous-niveau à l'autre afin d'accéder à ce que l'Esprit de Dieu lui a donné en héritage. Ce qui peut ressembler à un conte n'est autre que la description de votre corps spirituel qui doit retrouver la perfection. Vous dites : Si mon cœur a des insuffisances, la vie est pénible ; si mon estomac ne travaille pas comme il faut, j'ai des douleurs ; si mes poumons et ma rate ne sont pas en bonne santé, je ne me sens pas bien, et ainsi de suite... L'être humain chemine sur Terre avec de nombreux problèmes de santé.

Ô voyez, dans la patrie éternelle, les problèmes de santé n'existent pas. Seuls les fardeaux de votre âme les font apparaître ; ce sont les maladies de ce monde. L'âme doit se libérer de tous les aspects propres à ce monde qu'elle a enregistrés dans sa structure spirituelle. Elle doit retrouver ainsi la santé spirituelle. Cela lui est possible grâce à l'acte de rédemption du Christ. D'un niveau à l'autre, l'âme reçoit de la force spirituelle, si elle la demande en faisant preuve de bonne volonté et en mettant énergiquement en pratique ce qu'elle reconnaît.

En tant qu'âme sur le niveau de la sagesse, tu peux aussi te contenter d'écouter sans mettre en pratique, mais dans ce cas, tu restes sur ce niveau jusqu'à ce que tu aies reconnu qu'il te faut réaliser et vivre ce que tu as entendu. Alors seulement, ton âme se purifie, te permettant de continuer à avancer vers l'Esprit universel de l'amour. « L'amour » est un mot de ce monde. Mais celui qui n'a pas d'amour pour son prochain n'est qu'une cloche qui sonne, une cymbale bruyante, jusqu'à ce que les cloches de son âme retentissent au son de l'amour. Ne pensez pas qu'il ne soit pas possible d'atteindre ces niveaux. Cela est possible, mais uniquement avec la force de Dieu. Et ils ne peuvent être atteints que si l'âme et son enveloppe humaine vivent selon Ses commandements. L'amour du prochain, c'est la serviabilité et la miséricorde, la bonté, de bonnes pensées et un cœur bienveillant et doux.

À nouveau, Je reviens au niveau de la sagesse.

L'intelligence de Dieu est la sagesse. Dieu a créé toute existence, c'est pourquoi le firmament respire selon Sa volonté. Les planètes portent en elles l'ordre et, de ce fait, chaque être spirituel également.

Ô si seulement l'être humain vivait ne serait-ce que l'ordre, il respecterait alors la loi de Dieu qu'est cette qualité, cet attribut, car Moïse, le gardien de l'ordre dans l'Esprit, le porteur de la qualité de l'ordre, a apporté les tables de la Loi à l'humanité. Les Commandements sont si peu vécus que l'âme s'est enracinée dans la Terre, dans le monde, c'est pourquoi elle revêt souvent l'habit terrestre. Grâce à l'accomplissement des Commandements, les âmes quittant le corps terrestre pourraient alors passer de cette Terre aux niveaux plus élevés et les êtres humains seraient ainsi en bonne santé, car une âme saine vit dans un corps sain.

Mes chers enfants, dans l'âme se trouvant sur le niveau de la sagesse, l'Esprit créateur de Dieu s'exprime de plus en plus et ainsi également la volonté divine d'avancer et de tout réaliser. D'où cet entrain de l'âme à vouloir enseigner sur les niveaux fondamentaux de l'ordre et de la volonté ce qu'elle a elle-même déjà enregistré en elle et traversé.

Il arrive régulièrement que les âmes qui se trouvent sur les niveaux de l'ordre, de la volonté et de la sagesse soient attirées par ce monde. Très souvent, elles rechutent, car elles veulent rejoindre leurs proches. La séparation n'existe pas dans l'Esprit omniprésent qui est la grande unité et qui dit : « Un pour tous et tous pour Un. » Sur le niveau fondamental de la réalisation, les âmes essaient de pratiquer cette vérité et veulent également agir sur Terre ! C'est pourquoi, souvent, elles veulent retourner vers leurs proches et leur faire part du salut de la Vie. Un voile fin sépare l'ici-bas de l'au-delà. « Comment puis-je le retirer ? » – demande l'être humain. Voici Ma réponse : Par la foi et la confiance, en se confiant entièrement à l'Esprit unique et universel, car c'est Lui qui guide toute chose de la bonne manière.

Le souhait d'enseigner sur les niveaux inférieurs est accordé aux âmes du niveau de la sagesse. Un ange-instructeur les accompagne dans les profondeurs. Dans ce cas, l'ange-instructeur est en même temps l'ange gardien de l'âme en train de mûrir. L'ange gardien enveloppe totalement l'âme de son aura, la protégeant ainsi du rayonnement terrestre qui attire les âmes qui n'ont pas encore atteint un degré de maturité suffisant.

Lorsqu'une âme quitte son corps décédé qui appartenait à la famille terrestre dont faisait aussi partie une âme se trouvant maintenant sur le niveau de la sagesse dans l'au-delà, cette dernière, plus développée, peut se montrer à l'âme qui vient de quitter la Terre, à la joie de celle-ci. L'âme du niveau de la sagesse instruit celle qui vient de quitter le corps humain ; elle lui transmet les premières notions de la loi divine.

L'âme du niveau de la sagesse n'est elle-même pas encore totalement libérée du rayonnement terrestre. C'est pourquoi son ange gardien la met régulièrement en garde en disant, par exemple :

« Ne te laisse pas attirer par la Terre ou par cette âme qui vient de quitter son corps humain ; entre plus profondément encore dans la conscience de Dieu et reste en Lui. Ne te rends plus en pensée au niveau de la Terre et n'aspire plus à t'incarner. » L'âme est seulement mise en garde, mais c'est elle qui décide.

Lorsqu'une âme chargée et liée à la Terre s'incarne, elle doit au préalable participer à un certain nombre d'enseignements spirituels. Il est révélé à toute âme qui s'incarne ce qu'elle est susceptible de rencontrer sur son parcours terrestre. L'âme chargée et liée à la Terre connaît les mêmes doutes que vous-mêmes avez encore souvent. Si elle ne croit pas au chemin unique et universel du retour et à la vérité, elle se réincarne, si c'est là son souhait.

Il arrive souvent qu'une âme se trouvant sur un niveau fondamental plus avancé se mette à réfléchir lorsqu'une âme qu'elle connaît bien s'incarne à nouveau : « Pourquoi cette âme que je connais bien se réincarne-t-elle ? » Parfois, elle quitte alors la protection de l'ange gardien. Elle oublie tous les bons enseignements reçus et les progrès accomplis et reprend elle aussi l'habit terrestre afin d'aider le frère ou la sœur qui vient de se réincarner. Ainsi, un grand nombre d'âmes viennent du niveau de la réalisation pour apporter leur aide sur Terre. Dans bien des cas, elles possèdent pourtant déjà la force de la lumière. Elles ont déjà parcouru complètement deux niveaux et se sont déjà un peu familiarisées avec le troisième. Malgré cela, elles se réincarnent par le biais d'un ascendant qui leur correspond, tel que vous appelez les planètes qui rayonnent sur l'âme cosmique.

En vérité, Je vous le dis, très souvent, là aussi, c'est l'Esprit qui guide les choses. Il réunit l'âme du niveau de la réalisation et celle du niveau de l'ordre qu'elle connaît déjà. Autrement dit, deux personnes qui vivaient ensemble à une autre époque vivent à nouveau ensemble ; elles ne savent rien de ce qui fut autrefois. Et c'est bien ainsi, car l'être humain vit trop souvent dans le passé et dans l'avenir. Je vous le dis régulièrement : Vivez dans le présent ! Voyez, l'âme vit dans le maintenant éternel et l'être humain devrait se purifier et faire ses preuves dans le maintenant. Dites-vous à vous-mêmes : « Maintenant, j'ai la possibilité de me purifier rapidement afin de retourner plus vite à la maison du Père. »

Mes chers enfants, la force du « Je Suis » est la miséricorde, elle n'abandonne aucune âme. Cependant, si l'être humain n'éveille pas l'Esprit divin qui aimerait vous guider – et combien de fois vous séparez-vous de cette force qui englobe toute chose –, alors l'être humain demande : « Où est Dieu ? » Dieu répond : « Vous ne M'avez pas appelé dans votre vie, vous n'avez pas été miséricordieux, vous n'avez pas été bons, vous n'avez pas vécu selon les Commandements. C'est pourquoi vous êtes devenus sourds et liés à la Terre. Ce faisant, vous vous êtes chargés encore davantage. Vous devez vous acquitter de toutes vos fautes. Il vous faut parcourir un niveau après l'autre afin que l'âme retourne dans le royaume de la lumière grâce à la force de la miséricorde, grâce au "Je Suis". Le "Je Suis" est la Vie qui vous accompagne sur tous les niveaux. Le "Je Suis" c'est l'Existence éternelle, la force de l'amour qui jamais ne disparaîtra. Chaque âme sera immergée dans la force de l'amour qui la régénère. Si vous n'aspirez pas à l'amour, vous ne serez pas porté par l'amour de Dieu jusqu'au royaume de la perfection, car l'âme et l'être humain ont le libre arbitre. L'âme reste sur un plan de purification qui correspond à son degré de maturité jusqu'à ce qu'elle reconnaisse et vive les enseignements divins qui lui sont donnés. »

Par Son amour infini, selon Sa pensée et Sa volonté ainsi que selon Sa sagesse, l'Esprit vous conduira vers le niveau de conscience suivant, le niveau de la rectitude. Cependant, Je poursuis encore Mes explications au sujet de la sagesse.

Ô voyez, sur le niveau de la sagesse, se trouvent également des sphères d'enfants, dont Je vous ai déjà parlé sur le niveau de la volonté. Sur le niveau fondamental de la réalisation, les âmes des enfants comprennent qu'elles se défont de leurs aspects enfantins, elles mûrissent pour devenir un être spirituel parfait d'une autre dimension. Beaucoup de ces âmes qui sont guidées à travers les sphères pour enfants se manifestent souvent à l'un de ceux qui furent leurs parents sur Terre, surtout lorsque celui-ci ou celle-ci décède et que son âme quitte le corps physique. L'âme d'enfant ne tend plus vers le monde, son chemin est celui de la maison du Père. Très souvent, les parents terrestres pleurent et regrettent ces enfants. Je vous le dis : Leur âme mûrit beaucoup plus rapidement que celle d'une personne ignorante et obstinée, car l'âme d'un enfant ne s'est pas tellement chargée sur son parcours terrestre. Bien au contraire, par le biais de sa courte incarnation, elle s'est libérée d'une importante quantité de charges. L'âme enfantine, conduite à maturité, prend conscience des beautés de la vie spirituelle ; à chaque niveau, elle se sent à la maison.

Reconnaissez la force du Christ. Jésus a dit : *« Nul ne vient au Père sans passer par Moi. »* Vous vous demandez : « Qu'en est-il de tous ceux qui ont une autre foi et qui ne Te reconnaissent pas, ô Maître ? » Ô voyez, eux aussi prient Dieu. Bien qu'ils ne croient pas au Christ qui est la lumière du monde, la résurrection et la Vie sont en eux.

Un jour, Je dis à Mes disciples : *« Allez porter l'Evangile dans tous les pays ! »* L'être humain qui vit dans l'aisance est indolent ; ses organisations et ses traditions lui donnent le sentiment d'être un esprit élevé de ce monde. Mais c'est justement à lui que s'adressent ces paroles : « *Allez porter l'Evangile dans tous les pays !* » Malheureusement, jusqu'à aujourd'hui, cela n'a pas eu lieu car l'être humain préfère le matériel et l'agréable. Ceux qui se disent représentants du Christ partageront le sort de ceux qu'ils n'ont pas instruits parce qu'ils ont préféré la tradition et le confort. Cependant, ces âmes aussi, qui n'ont pas reçu les connaissances qu'elles auraient dû, atteindront quand même, par la force de Dieu, les quatre stabilisateurs, car elles croient en un Dieu unique et en une force qui les guide et les conduit. Dès que ces âmes atteignent les qualités de la filiation divine que sont la patience, l'amour et la miséricorde, elles doivent reconnaître et vivre la force fondamentale du Christ de Dieu. Alors seulement, s'ouvrent les portes de la perfection.

Ô voyez combien il serait important d'apporter le véritable Evangile à l'humanité. C'est la force du Christ en chacun, la rédemption et la délivrance, qui conduit chacun à la maison du Père. Réfléchissez à ce petit mot « chacun ». Son emploi signifie ici que tous sont égaux devant Mon Père. Il ne devrait y avoir ni rang ni titre, seulement des serviteurs de l'amour désintéressé. Alors, le niveau de l'ordre ne serait pas encombré d'âmes ignorantes et liées. Sur le niveau de l'ordre, se trouvent tous ceux qui n'ont pas vécu les paroles qui disent, entre autres : « *Allez porter l'Evangile dans tous les pays.* » Le Christ doit être reconnu dans tous les cœurs et dans ce monde en particulier, car la Terre est l'école des enfants de Dieu ! C'est sur Terre que devrait s'accomplir le commandement suprême : « *Aime ton Dieu et Père plus que tout, et ton prochain comme toi-même.* »

Mes chers enfants, ne rejetez pas Mes mots. Ce n'est pas seulement l'ouïe qui devrait les accueillir, mais le cœur et l'âme, car c'est là qu'ils doivent trouver un écho et retentir jour après jour en tant que mélodie de l'amour. Le soir, faites un bilan. Demandez-vous : « Ai-je déjà dépassé le niveau de l'ordre, suis-je dans la volonté, voire dans la réalisation ? » Vous pouvez faire votre propre examen de conscience. Êtes-vous déjà au stade de la réalisation, êtes-vous activement dans la volonté de Dieu, dans Son ordre et dans Sa rectitude ? Reconnaissez-vous le sérieux de la vie ? Savez-vous que chaque enfant de Dieu doit être sauvé ? Êtes-vous profondément actifs dans la patience, l'amour et la miséricorde ? Êtes-vous conscients que chacun est un frère, une sœur ? Vous dites qu'il est difficile à notre époque de vivre selon les commandements du Seigneur. Je vous le dis, l'époque actuelle est le reflet des actes passés, car des causes ont été engendrées ; les effets sont les conséquences des causes.

Le monde a ses lois. Elles devraient aller de pair avec les commandements divins.

Cependant, le manque d'unité parmi les chrétiens ne le permet pas. C'est pourquoi on entend encore la question : « Pourquoi pas la peine de mort ? » L'Esprit dit : « Je vous ai donné les Commandements, ils sont éternels. L'être humain pèche depuis des millénaires ; au lieu de demander de l'aide dans la prière, il a engendré toujours plus de causes. Un jour ou l'autre, les effets se font sentir. Aussi, reconnaissez les effets qui se font sentir sur toute la Terre.

Puisque l'être humain n'a pas de connaissances spirituelles, il ne sait pas pourquoi il est dans telle ou telle situation ou subit tel ou tel coup du destin. Supporte tout avec patience et le Père en Christ te soutiendra et te donnera de nouvelles forces. Tout doit être réglé, mis en ordre. Le Christ de Dieu est l'aide qui se trouve au cœur de ta détresse – va vers Lui ! Mon enfant, accepte la paix que le Seigneur offre à ton âme encore et encore, car grâce à Sa force et Sa bénédiction, l'être humain et son âme chemineront sur la Terre et franchiront l'un après l'autre les niveaux de ce qu'ils auront reconnu comme étant l'école terrestre.

Vous avez entendu dire que « l'Esprit imprègne la matière ». Tenez compte de ces paroles ! Plus vous aimez, priez et vous abandonnez à l'Esprit éternel, plus vous ressentez la force centrale de Dieu ; c'est ainsi que l'Esprit peut imprégner la matière. Les niveaux de conscience de l'Esprit sont reliés à vos nerfs vitaux et à vos organes. Eux seuls apportent la lumière que l'être humain peut développer par une pensée positive. Par conséquent, développez-vous dans l'Esprit de Dieu.

Vivez dans l'amour et essayez d'œuvrer dans la force réalisatrice de Dieu. Vous franchirez ensuite plus rapidement le niveau fondamental de la rectitude et serez alors dans les trois qualités de la filiation divine qui sont proches du royaume de la perfection.

Mon Royaume n'est pas de ce monde ! En tant que Jésus, Je suis venu dans ce monde, Je me suis incarné et J'ai pris sur Moi le fardeau de l'existence terrestre. Tous les fardeaux que vous portez en tant qu'être humain, Je les ai portés Moi aussi. Rien ne m'a été épargné. Je sais ce que signifie être dans l'habit terrestre, c'est pourquoi Je comprends si bien Mes enfants !

À travers Mon instrument, J'entre dans le cœur des êtres humains avec la parole de la Vie pour vous éclairer et vous aider, pour vous annoncer cette parole et vous dire combien le Christ ressent avec vous. J'aimerais éclairer chaque cœur et conduire ainsi chaque âme vers la conscience élevée et parfaite qu'est l'Esprit et non la matière. Comprenez le mot « Esprit ».

La vie en tant qu'être humain peut être synonyme de grandes souffrances. Celui qui considère ce qui est de nature terrestre comme secondaire et l'Esprit éternel comme l'essentiel s'orientera sur l'Esprit. De ce fait, au fil de ses années terrestres, il ressentira l'Esprit qui imprègne l'âme et la matière. Vivez avec l'Esprit, et ainsi vous vivez avec votre Père qui est aux cieux ! Vivez avec l'Esprit rédempteur que Je suis et vous Me ressentirez en vous. Alors, les tourments terrestres diminueront et l'être humain tout comme son âme atteindront la liberté en Dieu. Celui qui développe la nostalgie de Mon Père, qui habite en lui, entrera en relation avec Lui. Vous pouvez le faire chaque jour grâce à la force de la prière et du silence. Aimez le silence. Essayez pour quelques heures d'échapper à ce monde bruyant pour dialoguer avec Dieu votre Père. Alors Dieu dialogue aussi avec vous, car le Père et Moi sommes un !

Vous êtes des enfants de Dieu, tous égaux devant Lui. Il n'y a pas de différence, seul le monde fait des différences. L'Esprit, lui, n'en fait pas. Aimez-vous les uns les autres, aidez et servez, alors vous vous rendrez compte que la vie sur

Terre est supportable et peut être maîtrisée. Je l'ai vécue et Je l'ai supportée. Souvent, en tant qu'être humain, Je me suis senti faible et J'ai cru ne pas pouvoir supporter cette vie sur Terre ainsi que les êtres humains avec leurs opinions et leur entêtement.

Ô voyez, dans ces moments, Je suis allé dans le silence. Vous le pouvez aussi ; marchez dans la forêt, dans la campagne, partout Dieu, votre Père éternel, vient à votre rencontre. Incarné en Jésus, J'ai dû Moi aussi apprendre à trouver le silence en Moi.

Mon âme est devenue paisible et dévouée à Dieu, ce qui M'a permis de franchir complètement les sept niveaux lors de Ma vie terrestre. Vous direz peut-être : « Tu étais et es le Fils de Dieu. » Je rappelle ce que J'ai dit à maintes reprises : Vous êtes tous des fils et des filles du Père éternel ; Je vous ai placés au même niveau. Dieu est amour. Il vous aime tel qu'Il M'aime, et tel qu'Il vous aime Je vous aime, Moi, le libérateur de votre âme.

C'est pourquoi, entrez dans la réalisation et atteignez-la par la pensée positive, par la volonté de Dieu, en agissant positivement. Dites encore et encore : « Seigneur, que Ta volonté s'accomplisse. »

Celui qui fait Sa volonté pourra, déjà peu après avoir quitté le corps terrestre, créer sur le niveau de la sagesse, dans la mesure où il avait atteint ce niveau en habit terrestre.

L'être humain est sur Terre pour apprendre et pour régénérer son âme, afin que celle-ci trouve le chemin de la maison du Père. La devise de chaque âme devrait être : « Retourner à la maison dans l'éternité. » Dans le Royaume éternel se trouvent vos demeures éternelles. Il y a là des maisons conçues à partir de la matière primordiale qui sont inhabitées depuis longtemps. Prenez possession du royaume intérieur, du royaume de Dieu, créé pour vous depuis le commencement des commencements par l'amour du Père, car vous êtes les enfants de cet amour ; vous êtes des êtres spirituels d'une autre dimension, que le Christ aimerait ramener à la maison grâce à l'amour du Père, grâce à la rédemption du Fils, qui est la miséricorde. Amen.

Quatrième niveau de l'âme
(rectitude)

Ma paix et Mon amour sont avec vous. Ouvrez votre cœur à la parole de Ma Vie. Laissez-la entrer profondément en vous, car Je suis la Vie. Ces paroles ne sont pas prononcées pour les sens humains, mais avant tout pour le cœur. Si vous écoutez ces paroles avec l'intellect, vous n'en percevrez pas l'aspect intérieur car l'Esprit de l'amour infini est en vous ! Dès que l'être humain s'ouvre à l'Esprit divin, Celui-ci se fait sentir dans l'âme et dans l'être humain, car Il est mouvement. Lorsque l'être humain affirme l'Esprit de Dieu, Celui-ci lui communique beaucoup de choses, également ce que l'être humain n'a pas encore compris dans les paroles qui sont transmises ici.

Ouvrez-vous à l'amour infini qui œuvre dans tous les cœurs et qui aimerait se développer. Votre âme doit être préparée, car l'être humain qui est à l'école de Vie qu'est « le monde » doit faire ses preuves afin que son âme et son esprit puissent un jour accéder aux niveaux de conscience plus élevés.

Où en est le genre humain ? Que pense-t-il de Dieu, le Père éternel ? Que pense l'être humain du Christ, son Rédempteur ? La rédemption accomplie sur le mont Golgotha il y a environ 2000 ans est en chaque âme ; c'est le « Je Suis », l'Esprit omniprésent qui vous parle. Votre âme devrait se préparer pour Dieu. Cette préparation est possible uniquement si vous devenez consciemment des enfants de Dieu. En effet, il est écrit : « *Devenez comme les petits enfants, car le royaume des cieux leur appartient.* » Où l'être humain cherche-t-il son ciel ? Hors de son moi éternel ou à l'intérieur de lui-même ? Je vous le dis, cherchez le ciel en vous-mêmes et devenez comme les petits enfants. Alors seulement, le royaume intérieur de Dieu est proche de vous et l'âme trouve le chemin qui mène à Moi et que J'ai rendu accessible à chacun de vous.

Mes chers enfants, éveillez votre âme et écoutez la voix de votre Rédempteur qui conduit l'âme à travers tous les niveaux de purification. Heureuses la personne et l'âme qui ont pris conscience du salut sur cette Terre et dans cette école de vie. La conscience élevée du « Je Suis » doit être développée en chaque âme ; elle commence par l'ordre éternel du Père. Mettez de l'ordre dans vos pensées, accomplissez Sa volonté, mettez en pratique Son intelligence et écoutez Sa voix qui vous avertit régulièrement, la rectitude ; car Dieu, notre Père éternel, est la vie de l'âme. Les qualités ou attributs de Dieu sont les niveaux de la Loi dans l'âme. Ces niveaux de conscience sont des cieux divins ainsi que des plans de purification. Ils doivent se développer pleinement dans l'âme, ce qui n'est possible que par des prises de conscience sur soi et une vie correspondante.

Le niveau de la rectitude est l'amour œuvrant du Créateur. Dans la patrie éternelle, cette région lumineuse est tout particulièrement dédiée aux règnes minéral, végétal et animal, du fait que ces collectifs spirituels ne réagissent pas à l'amour du Père, mais tout particulièrement à l'amour du Créateur œuvrant sur le niveau de la rectitude.

Chaque âme possède en elle tous les attributs et qualités. C'est pourquoi elle doit parcourir tous les niveaux, c'est-à-dire en prendre conscience et les vivre afin de pouvoir atteindre le niveau de conscience supérieur. J'appelle aussi les niveaux de conscience les centres de vie de l'âme et de l'être humain. Lorsque l'âme a parcouru l'ordre, la volonté et la sagesse, elle est largement affermie dans son activité spirituelle, c'est-à-dire qu'elle est en majeure partie stabilisée. C'est pourquoi J'appelle aussi les attributs de Dieu les stabilisateurs de l'âme.

Sur le niveau fondamental de la rectitude également, tous les sous-niveaux doivent être activés, c'est-à-dire que l'âme doit continuer à se parfaire afin d'être attirée par la qualité suivante, la patience, une « qualité de la filiation divine », telle que nous l'appelons, car tout est basé sur la gravitation spirituelle. Ainsi, celui qui active la lumière pourra être attiré par la lumière. Celui qui persiste dans ses ténèbres y restera lié jusqu'à ce qu'il reconnaisse le Christ de Dieu qui est amour et miséricorde, et qu'il vive ces qualités. Après la résurrection, par le biais d'une force atomique spirituelle réduite, Je rendis Mon corps éthérique à nouveau visible à de nombreuses personnes. Beaucoup de choses furent communiquées aux êtres humains, mais ils ne comprirent pas le sens et le but de Mon action, ni celui de la crucifixion et de la résurrection. C'est pourquoi la plupart des gens sont aujourd'hui encore liés à leurs conceptions. L'énergie spirituelle ne peut pas se déployer dans leur âme, car ils ne reconnaissent pas la finalité de Ma vie sur Terre.

L'âme est le microcosme dans le macrocosme, c'est pourquoi une totale harmonie doit être établie entre l'univers et l'âme. Si ce n'est pas le cas, les particules de l'âme restent sans lumière spirituelle, c'est-à-dire qu'elles ne peuvent pas s'éclairer spirituellement, car l'âme est freinée par son mode de vie terrestre et a donc partiellement perdu son orientation originelle. Même si elle a développé les trois premiers niveaux stabilisateurs et porte déjà beaucoup de lumière en elle, elle n'est cependant pas encore orientée pour les prochains niveaux.

Egalement sur le niveau fondamental de la rectitude, chaque âme doit prendre conscience de tous les sous-niveaux et vivre ce dont elle a pris conscience. Ce n'est qu'alors qu'elle s'épanouit et s'éveille au niveau de conscience suivant. Tout comme la Terre a ses quatre saisons, l'âme a ses quatre stabilisateurs ou attributs ; ils sont suivis des qualités de la filiation divine qui sont aussi dans l'âme et doivent s'épanouir jusqu'à pleine maturité. Chaque enfant de Dieu porte consciemment ou inconsciemment l'amour paternel dans son âme, et ainsi également l'amour du Créateur ; c'est lui qui le relie intérieurement aux règnes minéral, végétal et animal, car tout est contenu en tout. La force atomique spirituelle n'est pas externe à la Création ; la Création doit devenir un tout dans son âme. Cela s'accomplit en particulier dans les quatre stabilisateurs ou attributs divins qui sont en même temps les qualités divines.

Que signifie le fait que l'amour du Créateur s'exprime tout particulièrement à travers la rectitude divine ? Cela signifie que Dieu est amour et tout ce qu'Il a créé, Il l'a créé par amour pour toute vie. C'est pourquoi la nature et les animaux aiment la lumière. Instinctivement, ils cherchent la lumière et la chaleur. Ils vivent de la force de la lumière ; pour eux, c'est ressentir l'amour. C'est pourquoi les champs spirituels spécifiques aux espèces ressentent la lumière comme étant l'énergie – le carburant – de l'amour. Les âmes et les êtres humains aspirent aussi à ces énergies spirituelles qu'ils absorbent de manière imperceptible ; il s'agit de la lumière de l'Esprit offerte à toute forme d'existence par les quatre attributs de Dieu. Toute âme a été constituée selon ce principe cosmique.

Je rappelle le processus du développement de l'âme à partir du minéral ; c'est une forme de vie qui, une fois sa maturité atteinte, passe au végétal puis à l'animal. Nous appelons les formes de vie des différentes espèces « éléments du développement ». Tel est, en résumé, le parcours du développement de toute âme parfaite.

La rectitude c'est l'amour du Créateur, elle est en particulier la lumière pour les collectifs spirituels. À travers les trois premiers attributs, également appelés qualités, les collectifs divins se développent. Dans le quatrième attribut, ils atteignent la pleine maturité. Les courants minéraux ainsi que les éléments de la nature et les âmes animales sont amenés à pleine maturité par les lumières spectrales divines. Ces phases de développement ont lieu dans le royaume du développement, composé de quatre cieux ou niveaux de développement uniquement destinés au processus de mûrissement des âmes des règnes de la nature, qui ne peuvent être élevées à la filiation divine qu'après avoir atteint le stade d'« être de la nature ». Les minéraux ont seulement des rayons de développement ; ils se développent très progressivement grâce au rayonnement divin. Leur développement se poursuit en passant par les différentes formes de vie des règnes végétal et animal. Je vous parlerai de ce développement de l'âme en temps voulu. Ce n'était ici qu'un aperçu des immenses processus de l'infini.

Dans le plan de purification de la rectitude, chaque âme doit développer ces régions lumineuses divines. Le développement de l'âme sur ce niveau fondamental et ses sous-niveaux est le suivant : l'ange-instructeur enseigne et instruit les âmes tout particulièrement à propos des champs divins spécifiques aux espèces, également appelés collectifs. Sur le niveau de la rectitude, l'âme apprend à être reliée à toute vie. Du niveau de l'ordre jusqu'au niveau de la rectitude, chaque âme reçoit des enseignements sur cette relation spirituelle avec la Création ainsi que sur la structure de l'âme qui forme un tout et qui contient tout en elle-même. Au niveau des premiers attributs, les âmes ont déjà appris à se relier à la Création, mais sur le niveau de la rectitude, elles doivent vivre pleinement ce qu'elles ont appris.

Chaque âme doit établir une relation intérieure avec toutes les formes de vie divines, une relation initiée par le rayonnement cosmique. L'amour pour le Créateur et pour la Création doit s'épanouir pleinement dans l'âme ; pas une seule particule de l'âme ne doit être impure.

Sur votre Terre, vous pouvez utiliser des mots sans qu'il aient une signification profonde et qu'ils soient accompagnés des sensations correspondantes, comme par exemple : « J'aime les animaux et la nature. » Combien de fois l'être humain s'exclame-t-il en disant, par exemple : « Quelle belle pierre ! » Les mots sont très souvent prononcés sans émotion. Mais sur le niveau de la rectitude, il y a uniquement la sensation et non le mot. En tant qu'âme en cours de développement, il est possible que voir un animal ou la nature divine ou un minéral te plaise ; tant que tu te contentes de cela, les particules de ton âme ne reçoivent pas de lumière, elles restent inertes. Ce n'est que lorsque tu aimes la Création, depuis la forme la plus élémentaire du minéral jusqu'à l'âme parfaite des êtres de la nature, que ton âme devient une structure lumineuse parfaite. Sur ta Terre tu peux rejeter les vers, les scarabées, les mouches ou les araignées, cependant dans le royaume du développement ton âme reste alors tout aussi entravée qu'elle l'était sur Terre en habit terrestre. Lorsque tu es incarné, tu ne vois pas les ombres de ton âme, mais une fois dans l'au-delà, l'habit de ton âme ainsi que ton inaptitude te sont montrés. Il en va de même de ton attitude envers les règnes minéral et animal. Sur ta planète Terre, tu exploites sans réfléchir les formes de vie minérales et tu ne donnes pas beaucoup d'importance aux animaux.

Tout cela, ô enfant humain, est écrit dans le livre de la vie qui est en toi, c'est ton âme ! Dans le royaume du développement, chaque page t'est montrée, c'est-à-dire que tu vois tes charges dans les particules assombries de ton âme. Ces charges forment ton habit spirituel. Tout comme le rayonnement de la Terre constitue son atmosphère, le rayonnement de ton âme constitue ton habit spirituel qui montre où elle en est. Celui qui tue intentionnellement devra s'acquitter de cette dette de l'âme. Qui a créé les nombreux parasites ? Je vous le dis, ce sont des espèces dégénérées, créées par l'incapacité des êtres humains. Qui a rendu la Terre infertile ? Encore une fois, l'être humain. Sur la Terre existaient des animaux que J'appellerais les « nettoyeurs de la nature » ; leur action commune, dirigée à partir du cosmos, est empêchée par l'être humain. Leur tâche était de préparer la terre et l'eau au service de l'être humain, mais l'ignorance de Mes enfants ct lcur vie orientée sur l'exploitation à outrance les ont détruits en majeure partie.

Sur les niveaux de la rectitude, tout cela doit être reconnu et mis en ordre ; l'âme doit ensuite développer avec amour ce dont elle a pris conscience. L'âme a stabilisé son habit seulement lorsqu'elle a une relation véritable avec toute vie, c'est-à-dire lorsque ses particules sont purifiées et vibrent entièrement dans les régions lumineuses de l'ordre, de la volonté, de la sagesse et de la rectitude.

Ô voyez, Mes chers enfants, celui qui acquiert des connaissances à l'école de la Terre, et qui les vit également, aura une période de mise en ordre plus courte en tant qu'âme dans l'au-delà. L'âme est un enfant de la Création qui a été élevé jusqu'à la perfection en recevant l'héritage spirituel des qualités de Dieu-Père : la patience, l'amour et la miséricorde. Toutes ces qualités constituent le patrimoine héréditaire de l'âme.

Par conséquent, lorsque Je dis « prenez possession du Royaume », Je veux dire : Recueillez votre héritage spirituel. Les sagesses terrestres sont peu utiles à l'âme. Elles peuvent amener à développer la sagesse divine, si elles stimulent l'être humain à porter son attention sur elle. C'est pourquoi il est dit : La chaleur du cœur et la sagesse de l'âme sont plus importantes que les connaissances intellectuelles ! L'âme reste liée à ce à quoi l'être humain s'est lié sur la Terre, jusqu'à ce qu'elle reconnaisse son erreur.

Si tu es lié à des conceptions ou des dogmes, à une certaine façon de vivre, tu seras également entravé dans les plans de purification. Par contre, celui qui connaît l'existence du noyau central se trouvant en chaque âme rejoindra plus rapidement les régions lumineuses, ceci s'il vit selon le commandement des commandements : « Aime Dieu ton Père par-dessus tout et ton prochain comme toi-même. Aime la Création jusque dans tous ses moindres éléments, car la totalité de ce qui a été créé par le Créateur est en toi. »

Seul celui qui vit en Dieu et prend conscience de tous les éléments de la Création infinie puisera des forces en habit terrestre et pourra en majeure partie régénércr son âmc à l'école de vie qu'est la Terre. Cela devrait être le but de Mes enfants sur Terre.

Celui qui a parcouru avec succès le niveau fondamental de la rectitude et ses sous-niveaux est libéré de tout rayonnement terrestre. Il est ce qu'on appelle un semi-ange qui continue à se familiariser avec le patrimoine héréditaire du Dieu Père-Mère : la patience, l'amour et la miséricorde. Ces semi-anges agissent également en tant qu'anges-instructeurs dans les quatre attributs ou qualités de Dieu.

Par Mon sacrifice sur le mont Golgotha, l'être humain a reçu les outils dont il a besoin. Celui qui vit en Moi et Me laisse consciemment vivre en lui sait quels outils il a en main et comment les utiliser en Mon nom ; car celui qui M'aime aime Mon Père qui est dans les cieux et qui accomplit Ses œuvres à travers Moi. Celui qui M'aime aime son prochain en lequel Je vis également. Celui qui M'aime et aime Mon Père devient un enfant du Père divin qui l'instruit sur toutes les formes de vie, ce qui est déjà possible ici sur la Terre.

Que Ma paix et Mes connaissances prennent racine en vous afin que Je puisse vous révéler bien plus de choses encore. Amen.

*Cinquième, sixième et septième
niveaux de l'âme
(patience, amour et miséricorde)*

L'Esprit éternel tout-puissant agit en chaque âme. Il est aimant et bon, toujours prêt à apporter Son aide. Il a ouvert la Terre à l'amour et c'est pourquoi l'amour œuvre sur cette Terre. De toute éternité, l'amour se tourne vers chaque âme. Accueillez cet amour dans votre cœur et devenez conscients de Ma conscience.

Je suis le Christ de Dieu, le Crucifié et le Ressuscité, Celui qui transmet ces paroles afin que l'être humain et son âme puissent reconnaître la force qui œuvre éternellement et s'exprime en toute existence à chaque instant de sa vie éternelle.

Afin de retrouver la patrie éternelle, l'être humain et toute âme doivent être entièrement amour. Les défauts de l'humanité sont l'égoisme, la cupidité, l'avarice et la jalousie qui font obstacle à la chaleur du cœur, ce qui empêche l'âme de se développer pour s'ouvrir aux qualités de Dieu.

Chaque âme passe par son processus de mûrissement vers le « Je Suis » éternel. Cette ascension n'est possible qu'à travers les sept centres de Vie, appelés également niveaux de conscience ou encore qualités et attributs de Dieu. L'Esprit ne peut expliquer cette ascension que si l'être humain et son âme sont actifs spirituellement, ce qui leur permet d'atteindre le but. Celui qui fait des efforts reçoit du « Je Suis » éternel la force nécessaire à cette ascension, afin de parvenir à des prises de conscience sur lui-même et pouvoir ainsi progresser.

Ô prends conscience de ton propre monde et de toi-même. La vie que tu dois vivre afin de mûrir commence seulement après cette prise de conscience. Le processus de mûrissement, l'évolution et la vie véritable en Dieu commencent lorsque l'âme prend conscience de qui elle est. Tant que l'être humain et son âme ne prennent pas conscience de ce qu'ils doivent changer, ils végètent sur Terre ainsi que dans les plans de purification, dans la conscience inférieure qu'est « l'être humain ».

L'Esprit tout-puissant M'a envoyé, afin que l'être humain se tourne vers l'amour et la miséricorde et que, selon la loi de la Vie, il purifie et fortifie son âme à l'école de Vie qu'est la Terre. Seul l'Esprit éternel est la source vivante en chaque âme. Tant que l'être humain et son âme ne s'y abreuvent pas, les autres qualités divines restent fermées à l'âme. Beaucoup de Mes enfants sont très éloignés des lois de la Vie parce que la voix divine leur est devenue étrangère. Pour la plupart de Mes enfants, Dieu, le Seigneur, est un être fantasmagorique qui réside quelque part dans un lieu secret.

Satan a été écarté par Ma vie en tant que Jésus et Mon sacrifice sur la croix, mais dans le « moi » humain subsiste encore un héritage de Satan ; ce sont les pensées négatives qui réapparaissent en raison de l'intellect produit par l'être humain. J'appelle cet héritage le « satan des sens ». Il sème la confusion parmi Mes enfants et exige des preuves. Il ne cherche pas le réel et le véritable dans le « Je Suis », dans la force invisible à

Mes enfants humains, mais dans le temporel qui est pour lui visible et envisageable. L'intellect fait barrage aux vérités éternelles qui sont dans l'âme. L'être humain peut en prendre connaissance et les vivre seulement lorsqu'il se met à croire en Dieu et à être plein de confiance. L'intellect est un danger pour l'âme qui, en raison d'une quantité considérable de connaissances intellectuelles, peut rester liée sur un plan de purification pendant une longue période.

C'est pourquoi, la Loi de Mon Père dit : La sagesse de l'âme est plus importante que les connaissances intellectuelles, et la chaleur du cœur plus importante que l'intellect ! Celui qui n'a pas de cœur pour son prochain n'est pas mûr pour accéder à la conscience divine. Les quatre stabilisateurs de l'âme ne peuvent être totalement développés que lorsque le commandement des commandements est pleinement vécu : « Aime Dieu ton Père par-dessus tout et ton prochain comme toi-même. » Ce commandement inclut également les formes de vie du règne minéral au règne animal ainsi que celles de l'âme parfaite des êtres de la nature.

La richesse extérieure est souvent tel un boulet autour du cou de l'âme. La richesse intérieure rend l'être humain et l'âme libres ; elle les dirige vers les prises de conscience supérieures contenues dans les qualités de la filiation divine que sont la patience, l'amour et la miséricorde. C'est pourquoi, ouvrez votre cœur et vos oreilles à l'Esprit, car les sept niveaux fondamentaux et leurs sept sous-niveaux sont préservés dans votre âme en tant qu'aspects de la Loi. Les sept fois sept niveaux doivent être ouverts, développés, par l'âme.

Jésus de Nazareth, le Christ de Dieu, a dit et dit encore : « *Ce que tu as semé, tu le récolteras.* » Ta manière de penser est donc déterminante pour ton développement dans la vie éternelle. Si l'être humain chemine sur Terre sans but ni plan, sans contrôle de soi ni autocritique, l'âme peut en subir de grands dommages qui nécessitent souvent des éons à être réparés. Lorsque l'âme a mûri au fil du développement des quatre attributs et qu'elle passe aux niveaux suivants, la patience, l'amour et la miséricorde, elle s'est déjà développée et épanouie en majeure partie ; elle n'est plus une âme chargée, car elle se rapproche de la perfection.

Cette âme qui s'élève, qui est entrée dans les trois qualités de la filiation divine, nous l'appelons semi-ange, car cet être spirituel est proche de la perfection.

Quelles sont les caractéristiques particulières de ces trois niveaux spirituels ? Dans ces sphères de lumière, le semi-ange apprend à être relié au principe Père-Mère. Sur le niveau fondamental de la patience, il lui est particulièrement expliqué : « *Personne ne vient au Père sans passer par Moi, le Christ.* » Les quatre plans de purification peuvent être parcourus avec succès par toute âme, qu'elle croie ou non au Fils de Dieu, son Rédempteur.

Ceux qui parcourent ces niveaux en étant conscients du Christ, en L'acceptant, n'auront pas de mal à parcourir les niveaux des qualités de la filiation divine. Ce n'est pas le cas des enfants spirituels qui n'ont pas vécu dans cette conscience du Christ, mais qui ont cheminé vers l'Esprit de Dieu sans le Christ. Il leur est maintenant révélé que sans reconnaître le Fils de Dieu, qui est le

Corégent du royaume éternel, l'âme ne peut se déployer dans sa totalité.

Dans ces qualités de la filiation divine, les enfants de Dieu laissent derrière eux les enseignements chrétiens qui leur ont été enseignés différemment lorsqu'ils étaient en habit terrestre. Là encore, on peut dire que les personnes ayant développé davantage leur cœur que leurs connaissances intellectuelles sont beaucoup plus faciles à guider en tant qu'êtres spirituels en train de s'éveiller ; ils peuvent alors se rapprocher plus rapidement du Fils de Dieu que les adeptes obstinés d'une confession qui plaçaient les dogmes au-dessus de tout.

Aux portes des cieux se trouvent des planètes où vivent les enfants de Dieu qui ne M'acceptent pas, Moi, le Fils. Mes enfants appellent ces planètes « planètes de sagesse ». Elles n'ont cependant rien à voir avec le plan divin de la sagesse. Ces semi-sages vivent dans la conscience divine, mais ne reconnaissent pas le Christ. De nombreux êtres venant de ces planètes de sagesse vivent parmi les êtres humains, en habit spirituel ou incarnés. Ils sont les représentants de ces niveaux de sagesse ; les enseignements orientaux ont repris de nombreux aspects véhiculés par ces êtres. Il ne s'agit pas de mépriser ces vérités, car ces êtres aspirent à la conscience divine, mais pas à la rédemption dont leur âme a également besoin afin de pouvoir accéder à la totalité de la Vie.

Aucune âme n'atteindra la perfection sans passer par Moi. Je suis le gardien du portail divin. Personne n'y entrera sans passer par Moi. Mes enfants, au nom du Père et du Fils, soyez assidus dans la mise en pratique du commandement de l'amour – Je vous le demande. Portez l'Evangile de l'amour et de la rédemption à ceux qui sont encore éloignés de la conscience du Christ, car chaque âme porte en elle l'étincelle rédemptrice qu'il lui faut attiser. Dans les trois niveaux fondamentaux de la patience, de l'amour et de la miséricorde sont également contenues les autres qualités, appelées aussi attributs. Sur ces niveaux, l'âme reçoit de nouveau des enseignements sur sa structure faite de particules ainsi que sur le principe de l'attraction cosmique.

Dans les particules de l'âme se trouvent les éléments spirituels qui sont stimulés par la pensée qui, dans l'être spirituel, est une sensation. Ces éléments divins ont une structure spirituelle ; afin que Mes enfants comprennent plus facilement, nous les appelons « le feu, l'eau, la terre et l'air ». Ils sont de nature spirituelle. Ils constituent à leur tour les attributs de Dieu. Ces éléments sont stimulés à l'activité souhaitée par les sensations émises par l'être spirituel.

Les anges-instructeurs enseignent ce qui suit : Tout ce que tu vois est basé sur le rayonnement et sur la loi spirituelle de la gravitation.

Par exemple, dès que tu penses à un être spirituel, tu déclenches la rotation des éléments spirituels dans une particule de l'âme, amenant la particule ainsi interpellée à se mettre en position d'émission et de réception. Cette connexion s'établit à une vitesse inimaginable pour l'être humain, car l'éternité ne connaît ni temps ni espace. L'être spirituel ou le semi-ange peut percevoir la réponse en lui-même ou rendre visible en lui-même le niveau de conscience dans lequel se trouve l'être spirituel auquel il s'est adressé, car – comme Je l'ai dit – il n'y a ni espace ni temps.

L'ouverture du niveau de conscience se produit lorsque l'être spirituel ou le semi-ange en formation qui s'adresse à plusieurs particules spirituelles amène ainsi les éléments divins à une vibration spirituellement plus élevée qui conduit à l'ouverture du niveau spirituel. C'est ainsi et de manière similaire que le rayonnement et la gravitation spirituelle sont expliqués à l'élève spirituel sur les niveaux fondamentaux de la patience, de l'amour et de la miséricorde.

Lorsqu'un être spirituel souhaite passer d'une planète à une autre, ou d'un plan céleste à un autre, là encore il stimule les éléments par le biais de sensations divines. De cette manière, il se place sur le rayon magnétique spirituel qu'il a lui-même déterminé et est ainsi attiré par la planète ou le plan céleste choisi.

Mes enfants, la rapidité de ce processus ne peut être comparée ni à la vitesse de la lumière ni à une pensée. Il se déroule à une vitesse inimaginable.

À travers de tels exercices spirituels se développe toute la force spirituelle d'une âme parfaite

L'ange-instructeur donne également aux êtres spirituels en train de s'éveiller des enseignements sur les familles de la patrie éternelle ainsi que sur les couples de duaux et la parenté spirituelle regroupant toute une lignée d'êtres spirituels. Dans la mesure où l'âme n'a pas encore considéré nécessaire d'acquérir de l'expérience à ce sujet, l'être spirituel en train de s'éveiller, appelé aussi semi-ange, doit maintenant prendre conscience de la Vie omniprésente et se familiariser avec elle. Il demande : « Pourquoi Dieu, notre Père, a-t-Il créé ces trois qualités de la filiation divine ? » La réponse est : Parce que nous sommes des enfants de Dieu ! Il pose d'autres questions à l'ange-instructeur : « Si nous sommes des enfants de Dieu, sommes-nous tous créés ou engendrés spirituellement ? Pourquoi Dieu est-Il le Dieu Père-Mère ? » Les réponses de l'ange-instructeur seront les suivantes : Du Dieu Père-Mère sont nés les premiers êtres créés. Dieu, le Seigneur, a créé des êtres spirituels masculins et féminins.

« Pourquoi Dieu, le Seigneur, a-t-Il créé des êtres spirituels masculins et féminins ? » Cette question est souvent posée, car beaucoup de Mes enfants se sont déjà intéressés à ces lois spirituelles sur Terre ou dans les plans de purification spirituels.

Pour les semi-anges qui ont peu ou pas de connaissances à ce sujet, l'ange-instructeur fera des effort particuliers pour transmettre à ses frères et sœurs cette merveilleuse vie commune de tous les êtres en Dieu notre Père. Ce qu'il enseigne à ses frères et sœurs, Moi, le Christ, le grand Enseignant de la Nouvelle Alliance, Je l'enseigne aussi à Mes enfants se trouvant à l'école de vie qu'est la Terre.

Dans la patrie éternelle, il y a des duaux. Ce sont des couples spirituels ; ils descendent des sept qualités créées par Dieu. Ces qualités de Dieu sont les premiers fils et filles célestes *directement créés* à partir du principe Père-Mère. Le principe Père-Mère est fait de l'interaction des forces divines. Dieu unit tout en Lui, Père et Mère, positif et négatif.

D'autres êtres spirituels ont été *engendrés* à partir du principe Père-Mère ; ils forment les familles spirituelles. À partir des familles spirituelles naquirent et naissent des lignées d'êtres spirituels. Nous appelons « famille spirituelle » les êtres spirituels issus directement d'un couple de duaux. Les autres familles de duaux descendant d'une famille spirituelle sont appelées « les lignées ».

Cependant, tous les enfants de Dieu sont issus de l'Origine, à savoir de l'interaction de Ses forces divines, car le principe Dieu Père-Mère s'écoule éternellement dans tous Ses enfants spirituels. C'est la force du Père qui, par la patience, l'amour et la miséricorde, élève Ses enfants à la filiation divine. À travers Ses qualités de la patience, de l'amour et de la miséricorde, l'Esprit de l'amour a insufflé et insuffle le souffle de Sa Vie – le souffle Père-Mère – à chaque âme des êtres de la nature élevée à la filiation divine.

Dans le royaume de Mon Père, il n'y a ni séduction ni convoitise. Tous vivent selon le principe de la pureté : Donner et recevoir. Chaque couple de duaux, qui donne lui-même naissance à d'autres enfants spirituels, vit dans l'amour pour le Dieu Père-Mère et dans une profonde relation intérieure qui les unit l'un à l'autre. Un engendrement spirituel est mis en mouvement par une lumière spectrale divine déterminée. Les semi-anges peuvent en apprendre plus à ce sujet, car il est important qu'ils se relient intérieurement à leur parenté spirituelle. Vous, Mes chers enfants, vous êtes informés davantage à ce sujet dès que votre âme atteint une certaine maturité.

Sur Terre, tous les degrés de compréhension sont présents, c'est pourquoi cette vérité spirituelle ne peut être transmise à chaque âme dès maintenant. Elle lui sera transmise dès qu'elle aura la maturité nécessaire.

Celui qui demande reçoit, c'est-à-dire que celui qui souhaite connaître ou avoir à ses côtés son dual ou un être spirituel de sa parenté spirituelle, peut orienter son âme cosmique sur cette relation intérieure. Comme Je l'ai déjà expliqué, c'est l'orientation des particules spirituelles sur les éléments divins qui permet d'établir la relation intérieure souhaitée.

Nous appelons la pensée spirituelle « sensation », car les êtres spirituels n'ont ni cellules ni organes, leur structure est constituée de particules divines. La nature de leur être est la sensation qui se reflète dans leurs particules spirituelles.

Pour de nombreux semi-anges, la stupéfaction est grande lorsqu'ils voient leur parenté spirituelle proche. Dans leur dual ou dans un autre être spirituel de leur famille spirituelle, ils reconnaissent leur ange gardien qui les a instruits lorsqu'ils ont quitté leur habit terrestre ou qui leur a rendu visite et leur a parlé régulièrement au cours du processus de mûrissement de leur âme. D'autres semi-anges, eux, rencontrent toute leur famille spirituelle seulement après avoir franchi le portail de la perfection en tant qu'êtres spirituels parvenus à maturité. Dans tous les cas, Mes enfants, la joie éprouvée est indescriptible, car au plus tard après avoir atteint le stade de la perfection, les membres de la famille spirituelle ou le dual ne sont plus étrangers à l'être spirituel. En effet, tout ce qui était recouvert en raison de l'incarnation et des charges de l'âme est à nouveau pleinement déployé. Toute âme suivra ce chemin.

Il serait souhaitable que Mes enfants terrestres acquièrent ces connaissances à l'école qu'est la Terre et réalisent les différents niveaux, afin que leur âme puisse atteindre la perfection peu après avoir quitté leur corps terrestre. Beaucoup de ces âmes mûres, appelées semi-anges ou également êtres spirituels après avoir atteint la perfection, éprouvent dans leur cœur une joie indicible. La joie d'être dans la patrie éternelle et de disposer à nouveau de tout, car tout leur appartient à nouveau, amène nombre d'entre eux à réfléchir. Ils ressentent la douleur spirituelle de leurs frères et sœurs, ce qui s'exprime ainsi : « Nous aussi, nous attendons tellement nos frères et sœurs qui ont déjà passé de nombreux éons de lumière dans les plans de purification et qui se réincarnent encore et encore. » Beaucoup de semi-anges ou d'êtres parfaits ont encore présent en eux une grande partie des enseignements donnés par les anges-instructeurs grâce auxquels ils ont mûri et atteint la perfection.

C'est pourquoi leur demande est souvent la suivante : « Nous voulons aller dans les plans de purification en tant que semi-anges ou en tant qu'êtres spirituels et enseigner à nos frères et sœurs ce qui nous a été enseigné avec amour. » Les semi-anges ont souvent plus de succès auprès des âmes endurcies que les anges-instructeurs, car ils leur font part de leur propre chemin jusqu'au paradis éternel de Dieu, aux portes duquel ils se trouvent. Ils parlent des difficultés qu'ils ont rencontrées et de la manière dont ils ont travaillé avec l'ange-instructeur pour mûrir et atteindre les niveaux suivants. Grâce à leurs propres expériences, de nombreux semi-anges ont déjà montré la voie à un grand nombre d'âmes sur tous les niveaux de purification. Cela correspond aux mots que J'ai prononcés en habit terrestre : « Portez les fardeaux les uns les autres. »

Les semi-anges amènent également à la foi en Christ de nombreuses âmes qui viennent de confessions non chrétiennes ; cela, tout en respectant le libre arbitre.

Mes chers enfants, ces éclaircissements sont prononcés par votre Rédempteur, le Christ de Dieu, par l'intermédiaire d'une personne prophétique ; ils vous sont donnés dans le but de vous

édifier spirituellement et surtout pour le mûrissement de votre âme. Ma vie est au service de Mes
enfants qu'à travers ces plans de purification et de
conscience, Je souhaite conduire au Père et à tous
ceux qui les attendent en esprit.

Mon œuvre est l'œuvre du rapatriement. À
travers ces niveaux fondamentaux et leurs sous-
niveaux, appelés également plans de purification,
le Christ dans le Père vous conduit avec les messagers de lumière jusqu'à la perfection.

Je dépose Ma paix dans votre cœur.
Amen.

PS : Pour une meilleure compréhension : Les anges sont
des êtres spirituels purs. Ils n'ont pas d'ailes ! Dans
le monde matériel, celles-ci sont uniquement un
symbole représentant la rapidité et la protection.

Suggestions de livres

Les grands enseignements cosmiques de

Jésus de Nazareth

à Ses apôtres et Ses disciples
qui pouvaient les comprendre

*avec des explications
données par Gabriele*

Jésus de Nazareth a enseigné bien plus que ce qui est contenu dans les écrits traditionnels. Il a apporté au cercle intérieur de Ses apôtres et disciples des enseignements cosmiques qui vont bien au-delà de ce que nous associons habituellement à « Dieu » ou à la « religion ».

Ces enseignements les plus élevés qui soient constituent la première partie de ce livre et nous transmettent ce qu'est la vie véritable, la vie spirituelle. Ils ont été révélés à notre époque par le Christ Lui-même, à travers Gabriele, la prophétesse et messagère du Royaume éternel.

Dans la deuxième partie du livre, Gabriele les explique de façon très concrète et nous montre comment nous pouvons les appliquer dans notre vie quotidienne, dans la famille, dans notre travail, nos loisirs... Nous apprenons, par exemple, à comprendre nos semblables, à devenir indépendants de l'opinion des autres et du regard qu'ils posent sur nous, à trouver la bonne concentration et bien d'autres choses encore. De cette manière, nous nous rapprochons de Dieu en nous, dans notre prochain et dans toute la création.

Pour la première fois dans l'histoire de l'humanité, les grands enseignements cosmiques, consignés dans ce magnifique livre, sont accessibles à tous ! Ils donnent les fondements d'une véritable évolution spirituelle et constituent ainsi un espoir pour les générations futures.

942 pages (livre relié) • N° ISBN 978-3-96446-052-3

Le Chemin Intérieur menant à la conscience cosmique

Les niveaux de base :
Ordre
Volonté
Sagesse
Rectitude

Le Chemin Intérieur menant à la conscience cosmique est le chemin qui mène à Dieu en nous. C'est le chemin de la liberté, de l'amour pour Dieu et pour le prochain, qui nous permet de retrouver notre origine divine. Il s'adresse à tous ceux qui aspirent à une culture plus élevée et à une humanité pacifique.

Par la connaissance de nous-mêmes, nous prenons conscience de nos fautes et faiblesses qui nous empêchent encore de nous rapprocher de Dieu en nous et de vivre en harmonie avec nos prochains et avec la nature. Avec l'aide du Christ qui agit en chacun de nous, nous parvenons à surmonter ces aspects pas à pas, pour retrouver l'unité avec toute existence.

Ce livre comprend un cycle d'enseignement complet révélé par le chérubin de la Sagesse divine, allant du niveau de l'ordre divin à la rectitude divine, en passant par la volonté et la sagesse divines.

Gabriele, la prophétesse et messagère du Royaume éternel, complète les tâches et exercices par de nombreuses explications et de précieux conseils pratiques.

948 pages (livre relié) · ISBN 978-3-89201-996-1